本书为山西省高等学校哲学社会科学研究项目"数字基础设施建设赋能山西省绿色技术创新研究"（2024W109）的阶段性研究成果。

资源依赖视角下金融集聚对绿色全要素生产率的影响研究

姚 璐 著

中国财经出版传媒集团
中国财政经济出版社
·北京·

图书在版编目（CIP）数据

资源依赖视角下金融集聚对绿色全要素生产率的影响研究／姚璐著． -- 北京：中国财政经济出版社，2025. 5. -- ISBN 978 - 7 - 5223 - 3818 - 7

Ⅰ. F124.5

中国国家版本馆 CIP 数据核字第 2025WW5123 号

责任编辑：温彦君	责任校对：张　凡
封面设计：南博文化	责任印制：张　健

资源依赖视角下金融集聚对绿色全要素生产率的影响研究
ZIYUAN YILAI SHIJIAOXIA JINRONG JIJU DUI LÜSE QUANYAOSU
SHENGCHANLÜ DE YINGXIANG YANJIU

中国财政经济出版社 出版

URL：http://www.cfeph.cn

E - mail：cfeph@ cfeph.cn

（版权所有　翻印必究）

社址：北京市海淀区阜成路甲 28 号　邮政编码：100142
营销中心电话：010 - 88191522
天猫网店：中国财政经济出版社旗舰店
网址：https://zgczjjcbs.tmall.com

涿州汇美亿浓印刷有限公司印刷　各地新华书店经销
成品尺寸：170mm×240mm　16 开　13 印张　183 000 字
2025 年 5 月第 1 版　2025 年 5 月河北第 1 次印刷
定价：59.00 元
ISBN 978 - 7 - 5223 - 3818 - 7
（图书出现印装问题，本社负责调换，电话：010 - 88190548）
本社图书质量投诉电话：010 - 88190744
打击盗版举报热线：010 - 88191661　QQ：2242791300

前　言

中国在实现经济高速增长的同时付出了较高的资源消耗代价和环境污染代价。2020年，我国首次提出"2060碳中和"目标，与2030年碳排放达峰共同组成"30·60目标"。2022年，习近平总书记在党的二十大上进一步提出要协同推进降碳、减污、扩绿、增长。要实现经济增长和环境保护的协同发展，就要对现有的经济发展方式进行变革，推动经济由原来要素驱动的粗放发展模式向技术含量较高的集约发展模式转变，淘汰落后产能产业，实现企业生产经营的全绿化，着力点就是要提升绿色全要素生产率。

金融集聚作为现代金融业发展的重要特征，建立现代金融体制、释放金融力量、解决资金矛盾、优化资源配置效率，将成为各城市合理利用自然资源、加强生态环境治理、促进绿色产业发展的必然选择。但是对于资源型城市来说，金融业的从业人数较少、融资渠道不畅，金融资源的集聚程度较低，大气、水体、地表污染更加严重，绿色全要素生产率的提升面临着诸多难题。如何引导资源型城市通过金融资源集聚以提升绿色全要素生产率成为一个需要重点讨论的话题。

学术界关于这个话题的研究最初起源于金融发展对全要素生产率的影响，后来随着金融业的发展逐渐呈现空间集聚的特征，并且环境质量逐步恶化，学者们逐渐将研究视角切换到金融集聚对全要素生产率的影响和金融发展对绿色全要素生产率的影响。显然，学术界鲜有研究探析金融集聚对绿色全要素生产率的影响，并且资源型地区的经济发展对自然资源产生的资源依赖效应会对技术创新、高素质劳动力、其他产业产生明显的"挤出效应",使金融集聚对绿色全要素生产率的影响变得更加复杂。因此,本书进一步探析资源依赖视角下这种影响效应的特殊性。另外,金融资源在空间上的集聚将会强化邻近区域之间在经济上的联系,实现环境污染方面的协同治理,也就是说,金融集聚不仅会对"本地"的绿色全要素生产率产生影响,还会对"邻地"的绿色全要素生产率产生空间溢出影响。学术界鲜有研究探析金融集聚对绿色全要素生产率的空间溢出影响,并讨论资源依赖视角下这种空间溢出影响的特殊性。鉴于此,本书将资源依赖、金融集聚与绿色全要素生产率纳入统一的分析框架中,考察在资源依赖视角下金融集聚对绿色全要素生产率的影响效应。解答上述问题,对于推动我国绿色发展、实现"双碳"目标具有重要的学术价值和现实意义。

本书在梳理资源依赖视角下金融集聚影响绿色全要素生产率的相关文献基础上,在理论分析部分,回顾了资源依赖视角下金融集聚影响绿色全要素生产率的相关理论,以此为基础进一步阐述了资源依赖视角下金融集聚对绿色全要素生产率影响的一般机理、门槛效应、中介渠道以及空间溢出效应。在事实描述部分,明确了资源依赖、金融集聚以及绿色全要素生产率的指标测度方式,进一步对资源依赖、金融集聚以及绿色全要素生产率的事实进行描述,并且将资源型城市和非资源型城市进行了对比分析。在实证检验部分,使用2007—2019年我国153个非资源型城市和105个资源型城市的宏观面板数据,分别构建静态面板模型、面板门槛模型、中介效应模型以及空间杜宾模型进行了实证检验,以验证资源依赖视角下金融集聚对绿色全要素生产率影响的一般机理、门槛效应、中介渠道以及空间溢出效应。

经过论证,本书得出以下研究结论:第一,一般而言,金融集聚能够发挥资源优化配置效应、网络经济效应、外部规模经济效应以及自我强化效应,从而促进绿色全要素生产率的提升。当区分资源型城市和非资源型城市时,在资源型城市中,由于资源型产业对其他产业产生的"挤出效应"以及资本的逐利性,导致金融集聚规模较低,且金融资源有流向资源型产业的倾向,使得金融集聚将会抑制绿色全要素生产率的提升。第二,一般而言，金融集聚的初始阶段主要发挥的是"极化作用"，金融集聚到成熟阶段时发挥的是"涓滴效应"和"拥堵效应"。当区分资源型城市和非资源型城市时，在资源型城市中，较低的金融集聚无法满足绿色投资项目的资金需求，适度的金融集聚能够促进资源型城市中绿色项目、创新技术的发展，过度的金融集聚将会产生恶性竞争现象，从而削弱金融机构向风险较高的绿色项目、创新项目配置资金的意愿，引诱金融机构把大量的资金优先向资源型产业配置。这就使得金融集聚对绿色全要素生产率的影响并非稳定不变的，而是呈现动态博弈的特征。第三，一般而言，金融集聚能够通过促进城市创新能力的提升、劳动力市场高级化、产业结构高级化进而促进绿色全要素生产率的提升。当区分资源型城市和非资源型城市时，在资源型城市中，资源的过度依赖会对创新技术产生"挤出效应"，不利于实现区域创新能力的提升，资源的过度依赖会对高素质人力资本产生"挤出效应"，不利于实现劳动力市场结构高级化，资源的过度依赖会使区域内形成单一僵化的产业结构，不利于产业结构的优化升级，进而使得金融集聚无法通过促进城市创新能力的提升、劳动力市场高级化、产业结构高级化实现绿色全要素生产率的提升。第四，一般而言，一方面，"本地"的金融集聚可以促进资金、人才、技术向"邻地"流动，从而促进周边邻近地区绿色全要素生产率的提升。另一方面，"本地"的金融集聚会对"邻地"的资金、人才、技术产生"虹吸效应"，从而抑制周边邻近地区绿色全要素生产率的提升。"本地"的金融集聚对"邻地"绿色全要素生产率的影响取决于正向空间溢出效应和负向溢出效应的大小。当区分资源型城市和非资源型城市时，非资源型城市相对于资源型城市来说，拥有更加完善的制度环境，更容易对周边邻近地区的绿色全要素生产率产生影响。也就是说，资源型城市的金融集聚对周边邻近地区绿色全要素生产率产生的空间溢出效应要小于非资源型城市产生的空间溢出效应。

通过对资源依赖视角下金融集聚对绿色全要素生产率的影响进行理论分析、事实描述和实证检验，为了推动资源型城市吸引金融资源集聚、优化金融资源布局以实现绿色全要素生产率的提升，本书提出以下政策建议：第一，发挥金融集聚在提升绿色全要素生产率过程中的重要作用。首先，加快区域一体化进程，促进金融空间高效发展。其次，优化金融产业格局，构建金融产业集群。再次，统筹设计绿色金融体系，引导金融资源流向绿色产业。最后，加强风险防范，保证金融集聚中心可持续发展。第二，兼顾资源依赖水平因地制宜制定金融集聚目标。结合各地区的实际情况制定金融集聚目标，结合各地区的发展优势确定金融集聚发展重点。第三，重视创新能力、劳动力市场结构、产业结构发挥的中介作用。首先，提高政府支出中教育与科技占比、提升第三产业占比。其次，吸引高素质人才集聚，推动绿色技术创新能力的提升。最后，优先支持绿色投资项目，实现产业结构优化升级。第四，加强资源依赖视角下金融集聚在区域协同绿色发展中的"涓滴效应"。首先，重视金融资源的合理分配，推动普惠金融发展。其次，统筹管理金融机构的发展，打破资源流动壁垒。最后，加强金融机构的信息交流，构建协同发展格局。

本书的创新点主要体现在：第一，本书在梳理金融集聚发挥的经济效应和环境效应作用机理的基础上，阐述了金融集聚对绿色全要素生产率影响的一般机理、传导机制以及空间溢出效应，揭示了金融集聚对绿色全要素生产率的正向促进作用，金融集聚能够通过促进城市创新能力的提升、劳动力市场高级化、产业结构高级化，进而实现绿色全要素生产率的提升。此外，"本地"的金融集聚还会对"邻地"的绿色全要素生产率产生负向的空间溢出效应，这是对以往研究中分别单独讨论金融集聚的经济效应和环境效应的有益补充。第二，本书在阐述金融集聚对绿色全要素生产率影响的一般机理、传导机制以及空间溢出效应的基础上，进一步论述了资源依赖视角下金融集聚对绿色全要素生产率影响的一般机理、传导机制以及空间溢出效应，揭示了在资源型城市中，金融集聚将会抑制绿色全要素生产率的提升，金融集聚无法通过促进城市创新能力的提升、劳动力市场高级化、产业结构高级化，进而实现绿色全要素生产率的提升。此外，资源型城市中"本地"的金融集聚对"邻地"的绿色全要素生产率产生的空间溢出效应要小于非资源型城市，本书将资源依赖、金融集聚以及绿色全要素生产率纳入统一的研究框架中，丰富了金融集聚作用于绿色经济的研究视角。第三，在实证检验中，以《全国资源型城市可持续发展规划（2013—2020年）》作为重要的参考标准，构建了我国105个资源型城市和153个非资源型城市的宏观面板数据，采用对照分析的实证检验方式揭示了资源依赖视角下金融集聚对绿色全要素生产率影响的一般机理、传导机制以及空间溢出效应。相比全样本回归的方式，得到的实证结论更加可靠。

作者

2025年1月

目录

第一章　绪论 / 1

　　第一节　研究背景与研究意义 / 3

　　第二节　文献综述 / 10

　　第三节　研究思路、研究内容以及研究方法 / 21

　　第四节　研究的创新之处 / 26

第二章　资源依赖视角下金融集聚影响绿色全要素生产率的理论分析 / 29

　　第一节　资源依赖、金融集聚与绿色全要素生产率的概念界定与指标测度 / 31

　　第二节　资源依赖视角下金融集聚影响绿色全要素生产率的理论回顾 / 42

　　第三节　资源依赖视角下金融集聚影响绿色全要素生产率的机理分析 / 50

　　本章小结 / 64

第三章　资源依赖视角下金融集聚与绿色全要素
　　　　生产率的指标测度与特征事实 / 67
　　第一节　资源依赖的指标测度与经验事实 / 69
　　第二节　金融集聚的指标测度与经验事实 / 73
　　第三节　绿色全要素生产率的指标测度与经验事实 / 82
　　第四节　资源依赖视角下金融集聚影响绿色全要素生产率的
　　　　　　经验事实 / 92
　　本章小结 / 99

第四章　资源依赖视角下金融集聚对绿色全要素
　　　　生产率影响效应的实证研究 / 101
　　第一节　模型构建、变量选取以及数据来源 / 103
　　第二节　资源依赖视角下金融集聚对绿色全要素生产率的
　　　　　　影响效应 / 107
　　本章小结 / 126

第五章　资源依赖视角下金融集聚对绿色全要素生产率
　　　　影响渠道的实证研究 / 129
　　第一节　模型构建、变量选取以及数据来源 / 131
　　第二节　资源依赖视角下金融集聚对绿色全要素生产率的
　　　　　　影响渠道 / 134
　　本章小结 / 140

第六章　资源依赖视角下金融集聚对绿色全要素生产率
　　　　空间溢出效应的实证研究 / 141
　　第一节　空间权重矩阵的构建 / 143
　　第二节　空间相关性检验 / 144
　　第三节　空间计量模型的构建 / 147

第四节 金融集聚对绿色全要素生产率的空间溢出效应 / 149
第五节 资源依赖视角下金融集聚对绿色全要素生产率的
空间溢出效应 / 154
本章小结 / 156

第七章 研究结论与政策建议 / 159
第一节 研究结论 / 161
第二节 政策建议 / 164

参考文献 / 175

第一章

绪 论

第一章 绪 论

第一节 研究背景与研究意义

一、研究背景

改革开放40多年以来,中国经济在经历了高速发展后,于2010年升为世界第二大经济体。但是在经济高速增长的背后,伴随着一系列如区域发展不均衡、资源分布不均衡、经济增长不持续等现实状况。长期以来粗放浪费的资源开发方式,加剧了环境约束,成为制约绿色经济发展的瓶颈,中国在实现经济高速增长的同时付出了较高的资源消耗代价和环境污染代价。2020年9月,我国首次提出"2060碳中和"目标,与2030年碳排放达峰共同组成"30·60目标",同时将"双碳"目标纳入顶层设计,把绿色经济发展摆在全局工作的突出位置。绿色经济发展融合了技术革新、产业结构优化升级、生态保护等高质量发展要求。要实现"双碳"目标,实现绿色发展,则意味着我国经济发展方式要实现巨大转变,降低能源消耗、减少碳排放、大规模发展绿色产业。2021年2月,国务院发布的《关于加快建立健全绿色低碳循环发展经济体系的指导意见》进一步指出,实现绿色经济要建立在对资源的高效利用、控制温室气体排放的基础之上。2022年10月,习近平总书记在党的二十大上进一步提出要协同推进降碳、减污、扩绿、增长,我国作为能源生产和消费大国,应立足能源资源禀赋,建设新型能源体系,积极参与应对气候变化全球治理。可以看出,如何协调好经济与环境之间的关系,是中国现代化建设发展中亟待解决的重要问题,也是一项复杂的系统工程。尤其是对于资源型城市来说,资源型产业的发展使得环境污染问题更为严重,要实现经济增长和环境保护的协同发展,就要对现有的经济发展方式进行变革,推动经济发展由原来的要素驱动粗放式模式向技术含量较高的集约式模式转变,淘汰落后产能产业,实现企业生产经营的全绿化,着力点就是要提升绿色全要素生产率,促进绿色全要素生产率提升是资源型城市摆脱资源依赖的关键所在。绿色全要素生产率将能源消耗指标和环境污染指标一并纳入生产函数的计算框架中,能够准确并全面地反映考虑能源和环境约束时的生产效率,是加快构建绿色低碳循环发展经济体系,实现中国绿色发展的重要动力,是实现经济增长与环境保护协同发展的根本途径。

金融作为现代经济运行的血脉,是实现资源合理配置的重要工具,在经济发展中可以发挥基础性、支持性和驱动性作用。习近平总书记在2020年召开的党的十九届五中全会上强调构建金融有效支持实体经济的体制机制,让金融回归本源,金融要为经济高质量发展提供有效支持。建立现代金融体制、释放金融力量、解决资金矛盾、优化资源配置效率,将成为资源型城市合理利用自然资源、加强生态环境治理、促进绿色产业发展的必然选择。改革开放以来,在实现经济增长的同时,我国金融体系也得以迅速发展,无论是银行业,还是证券业和保险业,都发生了翻天覆地的变化,同时我国也不断推出一系列金融体系改革和发展的措施,那么,如何发挥金融体系的功能以促进全要素生产率的提升?学者们就金融发展对全要素生产率的影响展开了讨论,大部分研究认为金融发展能够通过分散市场风险、缓解信息不对称问题、优化资源配置效率以促进全要素生产率的提升(Greenwood 等,1990;Brown 等,1994)。由于全要素生产率只是对经济增长总量的衡量,并没有将环境因素纳入考虑范畴,那么在实现绿色可持续发展的大背景下,若将金融发展对经济增长影响的相关研究范畴仅仅局限于经济总量的考量上,显然不符合可持续发展的要求。因此,学者们逐渐将研究视角切换到金融发展对绿色全要素生产率的影响上来。大部分研究认为金融发展能够为技术创新项目分散风险,促进绿色技术创新能力的提升,并且能够更准确地识别绿色投资项目,引导资金向这些项目流动,实现绿色全要素生产率的提升(张帆,2017;徐璋勇等,2020)。当然,也有部分研究认为金融体系的发展也会使一些高污染、高耗能企业得以生存,将会不利于绿色全要素生产率的提升(王小腾等,2018)。进一步,随着金融体系的发展,金融资源在空间上的分布逐渐形成"中心-外围"式结构（Klagge 等，2005）。金融集聚是现代金融业发展的重要特征，"以点带线、线连成面"的金融集聚过程俨然成为现代经济质效提升的内在动力。那么，金融集聚如何对绿色全要素生产率产生影响呢？

金融集聚能够发挥外部规模经济效应为实体经济提供投融资便利，缓解区域内企业面临的融资约束问题，为企业提供资金，促进企业从事创新活动，带动产业结构升级，推动企业生产效率得以提升。同时，金融资源在某一区域内集聚有助于其发挥环境效应，通过降低区域内的市场交易成本，提升资源配置效率，重点支持绿色低碳项目，对绿色全要素生产率产生积极影响。当然，在整个经济发展过程中，各地区的金融集聚程度并不是静止不变的（黄解宇等，2006），适度的金融资源在某一区域内集聚有助于其发挥正向的经济效应和环境效应。而当金融集聚程度超过最优规模时，过度的金融集聚会导致区域内产生公共资源抢夺、基础设施使用过度、自然资源消耗过度以及交通拥堵问题，使企业的生产成本上升，环境污染问题严重，不利于绿色全要素生产率的提升。另外，金融资源在空间上的集聚将会强化邻近区域之间在经济上的联系，实现环境污染方面的协同治理，从而对周边邻近城市的绿色全要素生产率产生影响。一方面，金融集聚可以发挥示范效应和空间辐射作用对周边邻近区域的经济发展和环境质量产生积极影响；另一方面，也会对周边邻近区域的金融资源产生"虹吸效应"，削弱周边邻近区域的经济发展和环境治理的动力。但是对于资源型城市来说，金融市场建设较为落后，金融业的发育不充分（杨坚，2017），金融资源分布不均，融资渠道不畅，再加上资金的逐利性特点，使得资源型产业发展不断壮大，而绿色投资项目缺乏资金支持，绿色全要素生产率的提升面临着诸多难题。资源作为经济发展的重要因素，既有可能成为经济发展的动力，也有可能成为经济发展的阻碍。通常在资源禀赋较高的地区容易形成资源依赖，通过从事资源开采活动能够在短时间内获取较高的收益，导致区域内整体的创新积极性不高、挤出高素质劳动力、限制其他产业的发展、产业结构单一僵化，进一步降低生产效率，引发环境污染问题，增加了区域内实现经济和环境"双赢"的难度。如何引导资源型城市通过合理布局金融资源以提升绿色全要素生产率成为一个需要重点讨论的话题。

从现有研究成果来看，近年来，学术界主要关注金融集聚对全要素生产率的影响以及金融集聚对绿色经济的影响。一般而言，金融集聚能够通过缓解融资约束（Buera等，2011）、促进企业从事技术创新活动（李苗苗等，2015）等，进而促进全要素生产率的提升。另外，金融集聚有利于实现产业结构升级，推动企业实现节能减排，进而推动绿色经济的发展（王锋等，2017）。当然，当金融集聚程度过高时，也会产生恶性竞争、环境污染等现象，从而对绿色经济产生不利影响（施本植等，2018）。这就形成了金融集聚对绿色全要素生产率影响作用的多样化。需要进一步指出的是，自然资源作为经济发展的重要因素，结合我国当前的现实状况，资源型城市通常面临的环境问题更为严峻，使得绿色全要素生产率的提升过程中会存在一定程度的"资源诅咒效应"，并且丰富的自然资源会对技术创新、人力资本产生"挤出效应"，形成单一的产业结构，限制其他产业的发展（Corden，1982）。在资源型地区中，经济发展通常会对自然资源产生依赖。首先，有研究指出，在资源型地区中，企业家通过开采自然资源就能在短时间内获取较高的收益（Torvik，2002），降低了企业从事技术创新活动的积极性，从而抑制了区域整体创新能力的提升。其次，有研究指出，在资源型地区中，较低素质的劳动力可以通过从事开采资源的工作就能得到回报，接受较高层次的教育并不能获取更高的收入，从而降低资源型地区的劳动力接受高层次教育的动力，不利于资源型地区劳动力素质的提高。最后，有研究指出，在资源型地区中，对资源的依赖度较高使得产业结构呈现单一僵化的特征，以资源的开采和加工为主，陷入路径依赖模式，不利于其他产业的发展（Sachs等，1999）。因此，一个城市是否属于资源型城市，也会使金融集聚对绿色全要素生产率的影响变得更加复杂。现有研究关于资源依赖视角下金融集聚如何影响绿色全要素生产率尚存在以下问题：第一，目前大部分研究只关注到金融集聚产生的经济效应，鲜有研究关注金融集聚产生的环境效应，忽略金融集聚对环境产生的影响不利于充分发挥金融体系对现代经济绿色发展的支持作用。第二，目前大部分研究关于金融集聚对经济活动、环境质量产生的影响没有考虑资源依赖因素，通常在资源禀赋较高的地区容易产生资源依赖，对资源的过度依赖会对创新要素、人力资本产生"挤出效应"，形成单一僵化的产业结构，并对环境造成破坏，使金融集聚对绿色全要素生产率的影响更加复杂，忽略资源依赖因素不利于全面分析金融集聚对绿色全要素生产率的影响。第三，目前大部分研究主要是从相对静止的角度考察金融集聚的经济效应和环境效应，忽略了金融集聚在经济发展过程中呈现不断变化的特征，不利于系统地分析当金融集聚处于不同阶段时对经济和环境产生的影响。第四，目前鲜有研究考虑在资源依赖视角下"本地"的金融集聚对"邻地"的绿色全要素生产率产生的影响。金融资源在空间上的集聚能够强化区域之间的经济联系以及环境污染的协同治理，对周边邻近城市产生辐射或者"虹吸效应"，忽略资源依赖视角下金融集聚在区域间发挥的溢出效应不利于实现区域间绿色全要素生产率的协同提升。

可见，金融集聚对生产效率和环境污染的影响应同时给予充分重视，并且在考察金融集聚对绿色全要素生产率产生的影响时，应同时将资源依赖纳入分析框架，考察资源依赖视角下金融集聚对绿色全要素生产率产生的影响。那么，资源依赖视角下金融集聚会对绿色全要素生产率产生怎样的影响？当金融集聚处于不同的发展阶段时，不同的金融集聚又会使资源依赖视角下金融集聚对绿色全要素生产率产生的影响有何变化？资源依赖视角下金融集聚是通过怎样的传导渠道影响绿色全要素生产率的？金融产业集聚作为集聚经济下重要的空间布局形态，资源依赖视角下"本地"的金融集聚会对"邻地"的绿色全要素生产率产生怎样的空间溢出影响？解答上述问题，对于推动我国绿色发展、实现"双碳"目标具有重要的学术价值和现实意义。

二、研究意义

本书通过全面梳理资源依赖、金融集聚、绿色全要素生产率的相关文献以及理论基础，运用定性分析和定量分析相结合的研究方法检验资源依赖视角下金融集聚对绿色全要素生产率产生的影响效应，丰富了资源依赖、金融集聚和绿色全要素生产率相关领域的研究，为后续相关研究提供了新的分析视角，对于提升绿色全要素生产率具有重要的借鉴意义。

（一）理论意义

本书的理论意义在于：既体现了金融集聚的经济效应和环境效应，同时又考虑到在资源依赖的城市中，产业结构单一僵化、环境污染问题更加突出，使得绿色全要素生产率的提升面临诸多难题等问题，因此，将资源依赖纳入分析金融集聚对绿色全要素生产率的影响范畴。既可以继承和发扬传统的金融集聚理论，同时也丰富和完善了金融集聚的理论体系。既是对传统全要素生产率理论体系的补充，同时也有利于深化绿色全要素生产率的理论体系。具体来说，主要表现在以下四个方面：

第一，基于资源依赖的"挤出效应"、资源依赖的环境"诅咒效应"、金融集聚的绿色内涵、金融集聚的治污特征、绿色全要素生产率的理论内涵以及集聚经济对绿色全要素生产率的影响等相关理论，首先分析金融集聚对绿色全要素生产率的影响，在此基础上进一步分析资源依赖视角下这种影响效应表现出的特殊性。

第二，在分析资源依赖视角下金融集聚对绿色全要素生产率影响的基础上，进一步分析金融集聚在整个经济发展过程中的演化机理，将金融集聚的演化机理与资源依赖视角下金融集聚对绿色全要素生产率的影响相结合，分析不同的金融集聚程度对于绿色全要素生产率产生的不同影响，在此基础上进一步分析资源依赖视角下这种影响效应表现出的特殊性。

第三，在分析资源依赖视角下金融集聚对绿色全要素生产率影响的基础上，进一步从城市创新能力、劳动力市场高级化、产业结构高级化的视角出发，分析金融集聚对绿色全要素生产率的影响路径，在此基础上进一步分析资源依赖视角下这种影响路径表现出的特殊性。

第四，在分析资源依赖视角下金融集聚对绿色全要素生产率影响的基础上，进一步分析金融集聚对周边邻近地区绿色全要素生产率产生的空间溢出效应,将金融集聚的空间溢出效应与资源依赖视角下金融集聚对绿色全要素生产率影响相结合,分析"本地"的金融集聚对"邻地"的绿色全要素生产率产生的空间溢出影响,在此基础上进一步分析资源依赖视角下这种空间溢出效应表现出的特殊性。

(二) 现实意义

本书以我国推动经济绿色发展、实现"双碳"目标为研究背景,首先探讨了金融集聚对绿色全要素生产率的影响效应,在此基础上进一步分析了资源依赖视角下这种影响效应表现出的特殊性。本书的现实意义在于:既有助于深入考察资源型地区和非资源型地区金融产业的空间布局形态,为优化金融供给的空间格局以及政府合理规划区域金融中心提供借鉴意义。同时为推动资源型地区和非资源型地区绿色全要素生产率的增长,实现经济增长和环境保护协同发展提供有力支撑。具体来说,主要表现在以下两个方面:

第一,通过科学地测算各地级市的金融集聚程度,深入剖析金融集聚的整体变动趋势、动态演进规律以及空间分布格局,有利于我们更加清晰地了解各地级市金融资源分布的现实状况,有助于政府根据实体经济的实际需求合理规划金融资源的空间布局,避免盲目构建区域金融中心导致金融服务实体经济的效率下降。由于资源型地区的金融业发展相对滞后,难以满足资源型地区对金融资源的需求,探析资源依赖视角下金融集聚对绿色全要素生产率的影响,可引导资源型地区借鉴非资源型地区形成成熟的制度机制,吸引金融资源集聚、实现金融资源合理布局,缓解资源型地区的"资源诅咒"问题,从而发挥金融业对经济发展和环境质量的助推作用。

第二,在资源趋紧、环境恶化的背景下,资源型地区面临的资源和环境问题更加突出,如何提升绿色全要素生产率以获得城市绿色经济发展绩效最大化成为资源型地区发展亟须解决的关键问题。本书以优化资源型地区金融产业空间布局、推动资源型地区绿色全要素生产率增长为目标,探析资源依赖视角下金融集聚对绿色全要素生产率的影响,可为不同资源依赖程度的城市实现金融资源合理布局以提升绿色全要素生产率提供新的思路和方向,为实现中国经济高质量发展和可持续发展提供重要的实践依据。

第二节 文献综述

本节对目前学术界关于资源依赖、金融集聚、绿色全要素生产率之间存在关联关系的相关文献进行系统归纳和梳理。首先，梳理金融集聚演化机理的相关文献。其次，梳理金融集聚空间溢出效应的相关文献。再次，梳理金融集聚对绿色全要素生产率影响机理的相关文献，并分别从金融集聚对全要素生产率的影响和金融集聚对环境质量的影响这两个方面展开。最后，梳理资源依赖视角下金融集聚对绿色全要素生产率影响机理的相关文献，并分别从资源依赖视角下金融集聚对全要素生产率产生的影响和资源依赖视角下金融集聚对环境质量产生的影响这两个方面展开。

一、金融集聚演化机理研究综述

金融集聚不是一个静止的过程，而是呈现不断变化的特征，因此，本节对金融集聚演化机理的相关文献进行梳理。

金融集聚并不是一个静止的过程，其实质上是金融资源与地域条件不断融合变动的过程（黄解宇，2008）。关于金融集聚的演化机理，现有研究主要从两方面展开，一方面是从新经济地理学的视角分析金融集聚的演化过程，另一方面是从产业生命周期的视角分析金融集聚的演化过程。

从新经济地理学的视角来看，Pandit等（2001）的研究发现，伦敦金融中心的金融资源呈现向周边地区扩散的趋势，而位于外围地区的布里斯托尔的金融资源呈现集聚的状态。Grote（2008）指出，金融集聚呈现"中心－外围"的特征，表现为先集聚后分散，因此，在世界范围内既存在集聚度很高的国际金融中心，又存在集聚度相对较低的区域性金融中心。何骏（2009）认为服务业的集聚会随着城市经济发展的变动而变动，当经济发展到一定阶段时，集聚度最高的中心地区的产业会逐渐向外围地区扩散，进而在外围地区形成集聚度相对较低的若干中心区域。李紧想等（2019）指出，上海的金融集聚与经济高质量发展之间呈现动态变化的关系，即在经济质量水平较低时，金融集聚程度不断提升。随着经济质量的提高，其他地区对上海产生了"追赶效应"，使上海地区的金融资源逐渐向外围地区扩散。

从产业生命周期的视角来看，Walker 等（1989）指出，服务业在空间地域上的集聚演化过程是随着产业生命周期的变化而变化的，即会经历导入期、成长期、成熟期、饱和期和衰退期这五个阶段。Pandit 等（2001）对英国金融集聚的演化机理进行分析发现，最开始金融集聚度不断提高，当金融集聚达到成熟饱和状态时，金融产业内部会产生拥挤效应，整体的成长速度较慢、发展空间较小，此时从集聚到扩散的态势成为必然。李昊等（2010）通过双重网络演化模型，反映了集聚网络从形成期逐渐到成熟期的演变过程。

二、金融集聚空间溢出效应研究综述

进一步考虑空间相关性，梳理新经济地理学视角下金融集聚产生的空间溢出效应的相关文献。

部分学者从新经济地理学的视角出发，研究金融集聚对全要素生产率的空间溢出效应。金融集聚不断发展的结果就是形成不同层次的金融中心（Reed，1989），最终形成"中心－外围"式的空间结构（Klagge 等，2005）。陶锋等（2017）指出，金融集聚区域汇集了所在区域主要的金融机构，使中心区域的金融体系相对比较完善，资金供给相对比较充足，而外围地区却面临资金供给不足的局面。金融集聚是一个不断累积和强化的过程，其竞争效应和创新效应不断强化，进一步在空间上发挥辐射和外溢效应。金融集聚不仅会对所在区域的全要素生产率产生影响，还会影响周边邻近城市的全要素生产率。余泳泽等（2013）认为，金融集聚的中心区域通过金融信息的传递、金融人才的流动和金融服务网络的延伸，从而对周边邻近区域的生产效率产生影响。

一方面，金融集聚能够促进区域间生产要素的流动、产业之间的联系以及城市间的互相模仿效应和示范效应，进而对周边邻近城市产生正向的空间溢出效应。关于金融集聚通过促进生产要素在区域间流动而产生的空间溢出效应，王丹等（2015）认为，金融集聚可以通过知识溢出进一步带动区域的整体发展。李晓龙等（2017）发现，金融集聚能够促进金融要素在空间范围内流动，进而影响周边邻近地区的金融和经济发展。陶锋等（2017）指出，金融中心可以对周边区域产生服务溢出作用和信息溢出作用，服务溢出是通过金融人才流动、服务网络的延伸向周边邻近区域产生溢出影响；信息溢出是指金融信息从中心区域向外围区域传递，并且这种溢出作用的大小还取决于地理距离的远近。张振等（2021）认为，金融集聚形成的网络系统有利于促进信息在企业间、区域间的高效流通，有助于在企业间、区域间建立信息共享机制，从而产生空间辐射作用，不仅能降低区域内的金融风险，还有利于降低区域之间的风险。关于金融集聚通过增进产业之间的联系而产生的空间溢出效应，Audretsch等（1996）认为，金融集聚对区域间的产业发展具有显著的空间溢出作用，并且这种溢出作用随着地理距离的增加而逐渐减弱。刘沛等（2014）以广东省为研究样本发现，以珠三角为主的金融集聚程度比较高的地区的空间溢出效应更明显，金融集聚不仅可以优化本地的产业结构，还有利于优化周边地区的产业结构，并且第三产业的溢出效应要大于第二产业。于斌斌（2017）发现，金融集聚不仅有助于推动"本地"的产业结构升级，而且还能对周边邻近城市的产业结构升级产生空间溢出影响，并且这种溢出效应随着地理距离的增加而逐渐减弱。关于金融集聚通过城市间的互相模仿效应和示范效应而产生的空间溢出效应，张同功等（2018）认为，金融集聚有利于促进知识、技术、人才等生产要素在区域之间扩散，产生空间溢出效应，中心城市的金融体系可以发挥区域间的引领和示范效应，进一步提升周边邻近地区的金融服务水平，进而带动周边城市实体经济的发展。张鹏等（2019）认为，金融集聚区域能够对周边邻近地区产生示范效应，从而发挥金融集聚中心区域向外围区域的空间溢出效应，进一步促进周边邻近城市的发展。

另一方面，金融集聚还会对周边邻近区域产生"虹吸效应"，在一定程度上将会抢占周边邻近城市的金融资源，即产生负面的空间溢出效应。韩文琰（2016）指出，中国各地区之间的金融资源分布不均衡，东部的金融集聚程度最高，金融资源分布呈现明显的"马太效应"，从而拉大地区之间金融资源分布之间的差距。张鹏等（2019）认为，金融集聚区域会对周边邻近区域的城市发展效率产生负向的溢出效应，进而抑制周边邻近城市发展效率的提升。纪祥裕（2020）认为，金融集聚对周边邻近城市的资金流和高端人才表现出一定的"虹吸效应"，不断地吸引金融资源从周边邻近城市向本地集聚，从而抑制周边邻近城市创新能力的提升。朱建等（2020）指出，金融集聚不断发展将会出现"马太效应"，进一步产生"虹吸效应"。区域内金融集聚程度越高，越有利于吸引周边邻近地区的资本、劳动等生产要素流入本地，因果循环效应导致本区域的生产要素越来越多，越有利于推动文化产业的发展；反之，越不利于促进周边邻近区域的文化产业发展。姚璐等（2022）认为，金融集聚能够促进本地的经济增长，但是会抑制周边邻近城市的经济增长。谢漾等（2022）发现，不同发展阶段的城市之间的金融资源存在显著差异，发达城市群对欠发达城市群的金融资源存在明显的"虹吸效应"，处于快速发展阶段的城市群对处于衰退阶段的城市群的金融资源存在明显的"虹吸效应"。

三、金融集聚对绿色全要素生产率影响机理研究综述

由于与金融集聚对绿色全要素生产率影响相关的文献相对较少，考虑到绿色全要素生产率是为了实现经济和环境的"双赢"，因此，本部分从金融集聚对全要素生产率的影响和金融集聚对环境质量产生的影响这两个方面对相关文献进行梳理。

（一）金融集聚对全要素生产率的影响

现有研究大部分认为金融集聚可以推动全要素生产率的提升。刘军等

(2007)、Buera等（2011）认为，金融集聚可以放大金融体系发挥的功能作用，进一步提升全要素生产率。Rodriguez（2017）认为，金融集聚可以发挥对汇率变动的稳定作用，从而有助于促进全要素生产率的提升。王淑英等（2017）以中国八个国家中心城市为研究样本，研究结果发现，金融集聚有助于推动全要素生产率的增长。此外，李思霖（2015）的研究也证明了金融集聚能够促进全要素生产率的提升。

关于金融集聚对全要素生产率的影响路径，一方面，金融集聚能够为企业提供投融资便利，缓解融资约束，提升资源配置效率。李健旋等（2018）认为，金融集聚有助于金融体系对各类信息的收集，为实体经济提供投融资便利，使金融机构能够更好更快地识别合适的投资机会并为企业提供资金，优化资源的配置效率，尽可能避免资源错配，资源配置效率的提高有助于提高全要素生产率（Bencivenga等，1991；Beck等，2000）。张秀艳等（2019）认为，金融集聚区域内的金融机构竞争较为激烈，从而促使金融机构加快金融产品的研发（郭菊娥，2004；Ellison等，2010），这也对实体经济的融资能力提出更高的要求，倒逼企业改善经营管理水平，提升全要素生产率。同时，金融集聚可以改善区域内的融资环境，为企业从事创新活动提供资金支持，进一步促进全要素生产率的提升。另一方面，金融集聚能够降低企业的研发风险，加快技术创新在企业之间的传播，进而促进区域创新能力的提升。Audretsch等（1996）、李苗苗等（2015）、贾俊生等（2017）认为，金融集聚可以促进知识和技术在企业间、区域间的溢出和扩散，推动创新活动的开展，从而促进全要素生产率的提升。张玄等（2019）认为，金融集聚主要是通过促进技术进步来提升全要素生产率。李占风等（2019）认为，金融发展有利于改善资源配置效率、推动技术创新，从而促进全要素生产率的增长。

（二）金融集聚对环境质量的影响

金融业作为现代经济运行的血脉，不仅可以推动经济增长，还因其自身具有"清洁型"特点，并且能够对资源配置、技术创新、产业结构等产生影响,从而作用于环境质量。

大部分学者是从金融发展的角度入手,研究其对环境质量产生的影响。一方面,部分研究认为金融发展能够对环境质量产生积极的正向影响。这种观点主要是认为金融体系的发展能够为企业提供更多信贷资金,鼓励企业从事技术创新活动,用绿色清洁的生产技术代替原来落后的生产方式,同时,金融体系的发展可以优化资源配置效率,不断地引导资金由低效率、高污染的产业向效率更高、污染更低的产业,从而减少污染物的排放,改善环境质量。Tamazian 等(2009)以金砖四国作为研究对象,检验金融发展对环境质量的影响,结果表明,金融自由化和金融开放有利于抑制二氧化碳的排放。郭福春等(2011)发现金融信贷能够缓解二氧化碳的排放问题。Jalil 等(2011)验证了金融发展可以减少二氧化碳的排放,有利于优化环境质量。Yuxiang 等(2011)认为,金融发展有助于减少工业二氧化硫和工业废水的排放,降低环境污染。郭郡郡(2012)等研究发现,金融开放会抑制二氧化碳的排放。Gantman 等(2012)认为,金融发展水平的提升将有利于推动技术创新,进一步对环境状况产生积极的正面影响。Solarin 等(2013)以马来西亚为研究样本研究发现,金融发展有利于减少二氧化碳的排放量。Omri 等(2015)以北非的发展中国家为研究样本研究发现,金融发展水平越高,越有助于向环境友好型项目投资,从而改善环境质量。Salahuddin 等(2015)研究发现,金融发展水平的提升有利于减少污染物的排放。贺俊等(2019)构建了一个包含金融发展、技术创新和环境污染在内的数理模型,通过推导发现金融发展可以缓解环境污染问题,并且是通过提升技术创新能力从而抑制环境污染。祝德生等(2020)发现,金融发展水平的提升可以抑制雾霾排放,并且是通过降低人口密度和推动技术进步来实现雾霾排放量的减少。进一步对金融发展的空间溢出效应进行检验时发现,金融发展还会对周边邻近地区的雾霾排放产生空间溢出效应,东部和中部地区的金融发展有利于减少周边邻近地区的雾霾排放,而西部地区的金融发展会加剧周边邻近地区的雾霾排放。刘国斌等(2021)研究发现,金融发展具有一定的节能减排效应,金融发展对环境污染的抑制作用随着金融规模的扩张呈现出边际递减的特征，而且金融发展对环境污染的抑制作用还受到金融分权发挥的门槛效应的影响。进一步对金融发展抑制环境污染的影响渠道进行检验时发现，金融发展通过促进绿色技术创新，进而产生节能减排效应，缓解环境污染问题。另一方面，部分研究认为金融发展能够对环境质量产生消极的负面影响。这种观点主要是认为金融发展为企业提供了融资便利，企业不断扩大规模，增加能源需求，污染排放加大。同时金融发展水平的提高使居民较易获得信贷，将会加速居民对消费品的更新换代，加剧环境污染。Sadorsky（2010）指出，金融发展使得企业扩大生产规模，导致环境质量恶化。徐盈之等（2010）将金融发展变量引入 EKC 模型中来考察金融发展对环境质量的影响，研究发现，金融发展可以缓解企业面临的融资约束问题，但同时金融发展也会使环境质量恶化。Boutabba（2014）以印度作为研究样本发现，金融发展会恶化生态环境。谢罗奇等（2018）研究认为，中国的金融体系尚不完善，金融资源主要用于大型的工业企业以及能够获得较高利润回报的企业，从而导致工业二氧化硫、烟粉尘、废水的排放量增加，加剧环境污染。Zhang 等（2011）、Al‐Mulali 等（2015）的研究均发现，金融发展将会加剧二氧化碳的排放。He 等（2017）研究认为金融发展将会对环境质量产生负面影响。除此之外，还有部分研究认为金融发展与环境质量之间存在复杂的非线性关系。王伟等（2019）基于中国 268 个地级市进行研究发现，金融规模与水污染、大气污染之间均呈倒"N"形关系，金融效率与水污染、大气污染之间均呈"U"形关系，并且这种影响表现出地区异质性和时间异质性的特点。

除了对金融发展与环境质量之间的相关关系进行研究之外，随着金融集聚特征的显现，部分学者从金融集聚的视角入手，分析金融集聚与环境质量之间的关系。关于金融集聚对环境质量的影响，目前学术界还没有达成一致意见。王锋等（2017）指出，中国的绿色经济发展整体上呈上升趋势，并且金融集聚对绿色经济具有提升作用，对周边邻近地区的绿色经济存在正向的空间溢出效应。施本植等（2018）将环境污染和资源消耗等因素纳入城市的经济发展绩效中,研究金融集聚对绿色经济效率的影响,结果表明,金融集聚与城市绿色经济效率二者之间呈"U"形的非线性关系,并且金融集聚是通过技术创新、产业结构以及节能减排等渠道对绿色经济效率产生影响。袁华锡等(2019)的研究发现,金融集聚不仅能够影响"本地"的绿色经济效率,还能够对周边邻近区域的绿色经济效率产生空间溢出作用,并且当地理距离小于300千米时,金融集聚会对邻近区域的绿色经济效率产生负向抑制作用,当地理距离在300—600千米时,金融集聚会对邻近区域的绿色经济效率产生正向促进作用,当地理距离大于600千米时,空间溢出效应不再显著。李治国等(2021)认为,金融集聚对本地的碳排放存在先抑制后促进再抑制的倒"N"形影响,对周边邻近区域碳排放的空间溢出效应也呈现倒"N"形的特点,并且邻地的空间溢出效应要大于本地的影响效应。

四、资源依赖视角下金融集聚对绿色全要素生产率影响机理研究综述

现有研究尚未将资源依赖、金融集聚和绿色全要素生产率这三者放在一个框架内进行讨论,考虑到绿色全要素生产率是为了实现经济发展与环境质量的协同进步,因此,本部分主要是从资源依赖视角下金融集聚对全要素生产率的影响和资源依赖视角下金融集聚对环境质量的影响这两个层面来梳理相关文献。

(一) 资源依赖视角下金融集聚对全要素生产率的影响

从上述文献梳理可知,大部分研究认为金融集聚会对全要素生产率产生正向的促进作用,并且金融集聚通过缓解企业的融资约束问题、促进企业从事技术创新活动进而促进全要素生产率的提升,但是,资源依赖会对金融业、技术创新产生"挤出效应"。一方面,金融集聚能够缓解企业的融资约束进而提升全要素生产率,而资源的过度依赖会对金融产业的发展

产生抑制作用、对资本产生"挤出效应"。Gylfason（2001）认为，丰富的自然资源会对金融资源产生"挤出效应"，抑制金融产业的发展。Gylfason等（2006）认为，自然资源禀赋较高的地区能够降低投资和储蓄水平，从而对金融业发展产生负面影响。徐康宁等（2006）指出，自然资源丰裕的地区会对资本投入产生"挤出效应"，抑制经济增长。协天紫光等（2019）指出，资源依赖对于经济增长产生的负面影响主要是因为自然资源对投资产生的"挤出效应"。另一方面，金融集聚能够通过促进企业从事创新活动进而提升全要素生产率，而资源的过度依赖将会对技术创新要素产生"挤出效应"。万建香等（2013）认为，资源禀赋较高的地区将会对技术创新产生"挤出效应"，而社会资本的积累能够削弱自然资源对创新的"挤出效应"，打破经济增长过程中面临的"资源诅咒"，甚至可以将自然资源转变为经济增长的"福音"。马宇等（2013）认为，资源型地区的"资源诅咒"主要来源于自然资源对技术创新的"挤出效应"。赵康杰等（2014）指出，对自然资源的过度依赖会对区域内的人力资本产生"挤出效应"，进而阻碍区域创新能力的提升。李楠（2015）指出，资源型产业呈现典型的资源依赖特征，并且其技术创新动力不足。海琴等（2020）指出，在资源密集的地区会对技术创新产生"挤出效应"，提升区域创新能力有利于降低地区对资源的依赖程度。

（二）资源依赖视角下金融集聚对环境质量的影响

从上述文献梳理可知，现有研究关于金融集聚对于环境质量的影响还没有达成一致意见，但是无论金融集聚对环境质量产生怎样的影响，基本上都是通过对技术创新、产业结构以及节能减排产生影响进一步作用于环境质量，但是资源依赖会对技术创新、制造业产生"挤出效应"，并且资源依赖使得资源型产业的规模不断扩大，导致环境质量恶化。具体来说，第一，资源的过度依赖会抑制技术创新的发展，万建香等（2013）、马宇等（2013）、海琴等（2020）的研究均验证了该观点。第二，资源的过度依赖会促使区域内形成单一僵化的产业结构，不利于产业结构升级优化。

资源禀赋较高的地区通过发展粗放型的资源产业在短时间内获取较高的收益，由此陷入路径依赖模式，从而导致地区内其他产业逐步萎缩，这种现象称为"荷兰病"。Corden（1982）认为，资源产业的繁荣会抑制制造业的发展，进一步制约经济发展。Sachs 等（1999）指出，自然资源充裕的地区会对制造业产生"挤出效应"。Torvik（2002）指出，在自然资源充裕的地区，开采自然资源的收益相对较高，这就使大部分劳动力都会选择从事资源开采，而只有少部分劳动力从事生产效率较高的经济活动，导致其他效率较高的产业难以快速发展。Robinson（2006）认为，在资源丰富的地区，越来越多的企业家会选择从事寻租活动，只有少部分人会从事其他商业活动，进而限制其他产业的发展。程志强（2008）将鄂尔多斯市作为研究样本时发现，鄂尔多斯市对煤炭产业的过分依赖导致其他制造业逐渐萎缩，产生"荷兰病"效应，进一步抑制经济的发展。陈艳莹等（2012）指出，在自然资源丰富的地区，企业家从事寻租活动能够在短期内获取较高的收益，使大部分企业家均转向寻租部门，从而抑制地区经济的发展。孙永平等（2012）指出，自然资源产业的繁荣使得大部分生产要素集中在资源型产业中，从而降低生产要素的配置效率，阻碍产业结构升级和优化。刘海平等（2014）指出，自然资源属于"意外之财"，开采资源能够在短时间内获得较为可观的收益，由此陷入路径依赖模式。王嘉懿等（2018）对中国中部 36 个资源型城市进行实证检验，结果表明，资源禀赋较高的地区会抑制制造业的发展。第三，资源的过度依赖不利于实现节能减排。黄建欢等（2015）、钟成林等（2016）发现，自然资源丰富的地区对生态效率存在显著的"资源诅咒效应"。任海军等（2016）通过比较资源依赖度较低和资源依赖度较高地区的生态效率时发现，资源依赖度较高城市的生态效率较低，证实了资源依赖对生态效率的"资源诅咒效应"。杜克锐等（2019）指出，适度的自然资源能够推动工业发展，促进技术进步，有利于生态效率的提升，而较高的自然资源禀赋会对资源产业形成依赖，这些产业通常具有污染较高的特征，会对生态效率产生不利影响。郑婷婷等（2019）认为，自然资源与绿色全要素生产率之间的关系取决于资源依赖度的高低，当资源依赖度较低时，资源型地区能够为绿色产业的发展提供丰富的物质基础，要素的使用成本较低，从而有助于推动绿色全要素生产率的提升，而当资源依赖度较高时，资源型产业的发展将会限制绿色产业的发展。

五、文献评述

通过上述文献梳理发现，现有研究对资源依赖、金融集聚以及绿色全要素生产率进行了广泛而深入的探讨，形成了大量有价值的研究成果，但同时仍存在以下两个方面的局限性：

第一，对金融集聚与绿色全要素生产率二者之间关系的分析不够深入。通过梳理金融集聚对绿色全要素生产率影响机理的相关文献发现，现有研究主要是针对金融集聚对全要素生产率产生的影响和金融集聚对环境质量产生的影响展开分析，鲜有文献研究金融集聚对绿色全要素生产率产生的影响。目前，关于绿色全要素生产率的研究已经成为学术界关注的热点话题，金融集聚作为现代金融业发展的重要特征，在实现经济增长和环境保护共同发展的过程中发挥着重要作用。绿色全要素生产率作为实现经济发展和环境质量协同进步的指标，研究金融集聚对绿色全要素生产率的影响能够更好地体现金融集聚发挥的经济效应和环境效应。而现有研究大部分主要是分别探讨金融集聚产生的经济效应和金融集聚产生的环境效应，鲜有研究将金融集聚产生的经济效应和环境效应结合起来分析。

第二，尚未将资源依赖、金融集聚和绿色全要素生产率这三者纳入统一的分析框架中。首先，通过梳理资源依赖视角下金融集聚对绿色全要素生产率的影响机理文献发现，一方面，金融集聚能够缓解融资约束、促进技术创新活动的开展进而对全要素生产率产生促进作用，而资源过度依赖将会对区域内的资本、技术创新产生"挤出效应"；另一方面，金融集聚能够通过影响区域内的技术创新、产业结构、节能减排进而对环境质量产生影响，而资源过度依赖将会对区域内的创新技术产生"挤出效应"、形成单一僵化的产业结构、对环境质量产生恶劣的影响。因此，资源依赖、金融集聚和绿色全要素生产率这三者之间存在密切的关联关系，并且当考虑资源依赖因素时，金融集聚对绿色全要素生产率产生的影响变得更加复杂。而现有研究尚未将这三者纳入统一的分析框架，不利于全面分析金融集聚对绿色全要素生产率产生的影响。其次，部分研究分析了金融集聚产生的演化机理，研究发现，金融集聚并不是静止不变的，而是呈现出不断变化的特征。从新经济地理学的视角来看，金融集聚呈现由外围向中心集聚，再由中心向外围扩散的特征。从产业生命周期的视角来看，金融集聚从最初的成长期发展为成熟期，再由成熟期向衰退期转变。而现有文献主要是从静态的角度分析金融集聚产生的经济效应和环境效应，如果忽略金融集聚的这种演化特征，将会低估金融集聚对经济和环境产生的影响。因此，有必要进一步分析当金融集聚程度不同时，资源依赖视角下金融集聚对绿色全要素生产率产生的不同影响。最后，部分研究分析了金融集聚产生的空间溢出效应，研究发现，金融集聚能够促进区域间生产要素的流动、产业之间的联系以及城市间的互相模仿效应和示范效应，进而对周边邻近城市产生正向的空间溢出效应。此外，金融集聚还会对周边邻近区域产生"虹吸效应"，在一定程度上将会抢占周边邻近城市的金融资源，进而对周边邻近城市产生负向的空间溢出效应。因此，有必要进一步分析资源依赖视角下金融集聚对绿色全要素生产率产生的空间溢出效应。

第三节 研究思路、研究内容以及研究方法

一、研究思路

本书的研究思路如图 1-1 所示。

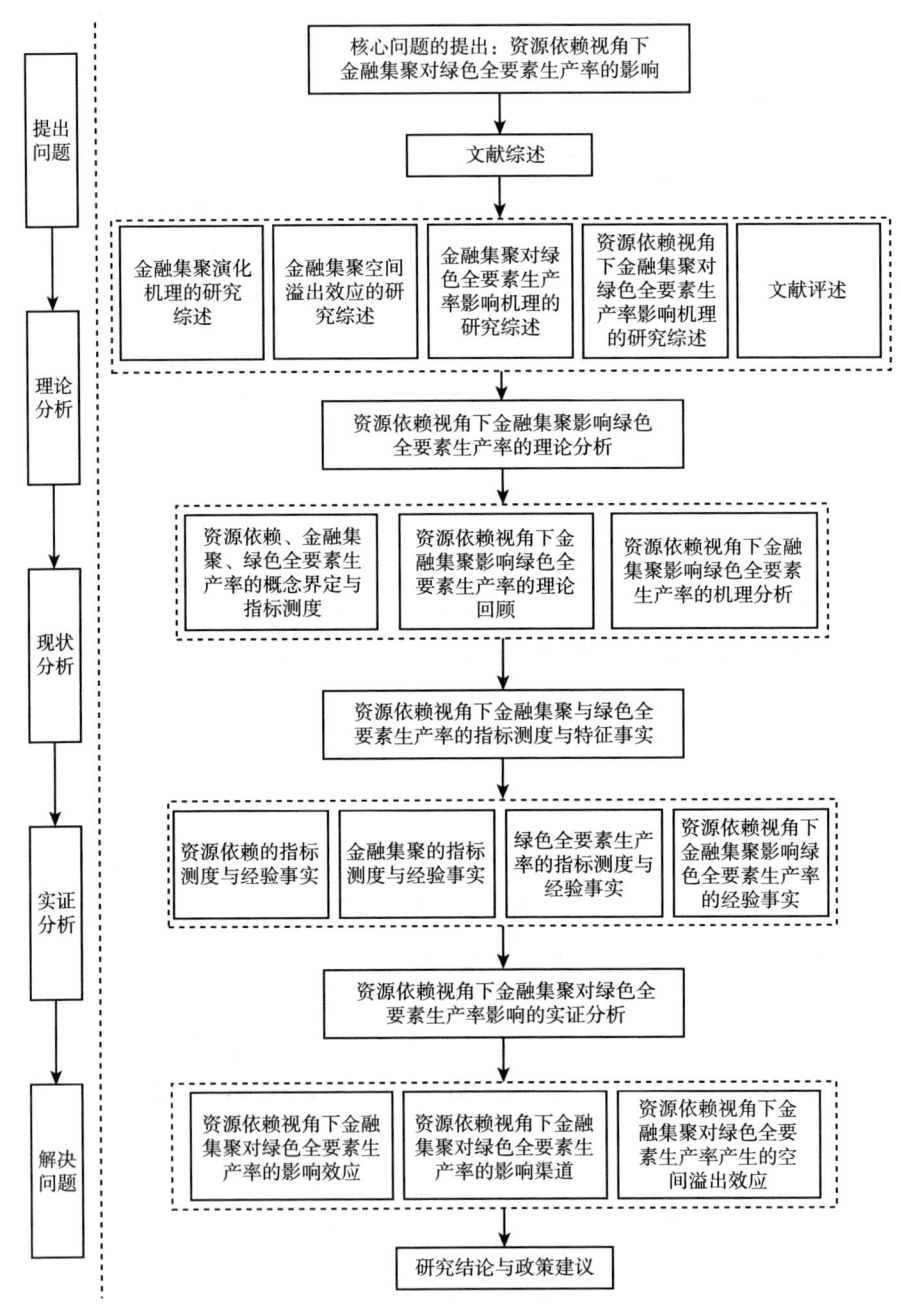

图1-1 本书的研究思路

二、研究内容

考虑到对于资源型城市来说，资源依赖将会对创新要素和人力资源产生"挤出效应"，将生产要素锁定在资源型产业中，进而形成单一僵化的产业结构，使得金融集聚对绿色全要素生产率的影响变得更加复杂，本书以该主题为研究目标，系统地分析资源依赖视角下金融集聚对绿色全要素生产率的影响，以期为推动我国绿色发展、实现"双碳"目标提供帮助。本书在对金融集聚的演化机理、金融集聚的空间溢出效应、金融集聚对绿色全要素生产率的影响机理以及资源依赖视角下金融集聚对绿色全要素生产率的影响机理这四个层次的相关文献进行梳理的基础上展开理论分析和实证检验。

在理论分析方面，第一，阐述资源依赖、金融集聚、绿色全要素生产率的概念界定与指标测度。第二，阐述资源依赖视角下金融集聚影响绿色全要素生产率的相关理论，主要包括资源依赖的"挤出效应"、资源依赖的环境"诅咒效应"、金融集聚的绿色内涵、金融集聚的治污特征、绿色全要素生产率的理论内涵以及集聚经济对绿色全要素生产率的影响。第三，在明确资源依赖、金融集聚、绿色全要素生产率的相关概念及测度方式和资源依赖视角下金融集聚影响绿色全要素生产率相关理论的基础上，分析资源依赖视角下金融集聚对绿色全要素生产率产生的影响效应，以及金融集聚程度不同时，资源依赖视角下金融集聚会对绿色全要素生产率产生怎样的影响。第四，分析资源依赖视角下金融集聚是通过什么样的传导机制影响绿色全要素生产率的。第五，考虑到金融集聚具有显著的空间集聚特征，分析资源依赖视角下金融集聚对绿色全要素生产率产生的空间溢出效应。

在实证检验方面，第一，构建静态面板模型检验资源依赖视角下金融集聚对绿色全要素生产率的影响，并对验证模型进行稳健性检验和内生性检验。第二，考虑到金融集聚在整个经济发展过程中是不断变化的，构建面板门槛模型检验当金融集聚程度不同时，资源依赖视角下金融集聚对绿色全要素生产率产生的不同影响。进一步检验当资源依赖不同时，在资源型城市中金融集聚会对绿色全要素生产率产生怎样的影响。第三，构建中介效应模型检验资源依赖视角下金融集聚对绿色全要素生产率的影响路径，分别从金融集聚的创新效应、劳动力市场效应、产业结构效应这三个视角出发，验证金融集聚对绿色全要素生产率的影响机制。第四，从新经济地理学的角度出发，考虑到金融集聚与绿色全要素生产率具有空间集聚的特征，构建单区制空间杜宾计量模型检验金融集聚对绿色全要素生产率产生的空间溢出效应，在此基础上，进一步构建两区制空间杜宾计量模型检验资源依赖视角下金融集聚对绿色全要素生产率产生的空间溢出效应。

三、研究方法

本书主要运用规范分析与实证研究相结合的研究方法，先通过梳理国内外相关文献并从理论层面分析资源依赖视角下金融集聚与绿色全要素生产率之间存在的逻辑关系，然后借助计量工具对资源依赖视角下金融集聚与绿色全要素生产率之间存在的逻辑关系进行实证检验。具体来说，本书主要使用了以下几种研究方法：

（一）文献分析法

广泛搜集与本书研究主题相关的国内外文献资料，对这些文献进行系统梳理，掌握资源依赖、金融集聚以及绿色全要素生产率等方面的经典理论和前沿研究成果，明确资源依赖、金融集聚和绿色全要素生产率之间的关联关系，并分析现有研究存在的不完善之处，从而初步构建本书的分析框架。

（二） 总结归纳法

本书首先对金融集聚演化机理的相关文献资料、金融集聚空间溢出效应的相关文献资料、金融集聚影响绿色全要素生产率的相关文献资料、资源依赖视角下金融集聚影响绿色全要素生产率的相关文献资料进行归纳总结，在此基础上，分析资源依赖视角下金融集聚对绿色全要素生产率的影响效应；当金融集聚呈现不同变化时，资源依赖视角下金融集聚对绿色全要素生产率的影响；资源依赖视角下金融集聚对绿色全要素生产率的影响机制；资源依赖视角下金融集聚对绿色全要素生产率产生的空间溢出效应，进一步利用计量工具进行实证检验，最后归纳总结得到本书的研究结论。

（三） 实证研究法

本书主要采用以下几种实证研究的方法：第一，定量测度方法。对我国资源型城市和非资源型城市的资源依赖、金融集聚和绿色全要素生产率进行定量测度，使用采矿业从业人数占比对资源依赖进行测算，使用区位熵的方法对金融集聚进行测算，使用非期望产出超效率SBM模型结合ML指数对绿色全要素生产率进行测算。第二，静态面板模型分析方法。使用最小二乘法、固定效应模型来检验资源依赖视角下金融集聚对绿色全要素生产率的影响。第三，面板门槛模型分析方法。构建面板门槛模型来检验当金融集聚呈现不同变化时，资源依赖视角下金融集聚对绿色全要素生产率的影响有何变化。第四，中介效应模型分析方法。构建中介效应模型检验资源依赖视角下金融集聚对绿色全要素生产率的影响机制。第五，空间计量模型分析方法。将空间因素纳入分析框架中，构建空间计量模型检验资源依赖视角下金融集聚对绿色全要素生产率产生的空间溢出效应。

(四) 比较分析法

本书在事实描述部分，对比分析了资源型城市和非资源型城市之间的金融集聚和绿色全要素生产率存在的差异。在实证检验部分，使用计量方法检验资源依赖视角下金融集聚对绿色全要素生产率的影响效应时，采用对照分析的方法，分别检验资源型城市和非资源型城市中金融集聚对绿色全要素生产率产生的影响。在此基础上，进一步进行异质性检验，对不同经济发展水平的城市、不同环境规制程度的城市以及不同环境污染程度的城市进行了比较分析。

第四节 研究的创新之处

本书在现有研究成果的基础上，深入分析了资源依赖视角下金融集聚对绿色全要素生产率的影响效应；当金融集聚呈现不同的变化时，资源依赖视角下金融集聚对绿色全要素生产率的影响有何变化；资源依赖视角下金融集聚对绿色全要素生产率的影响路径；资源依赖视角下金融集聚对绿色全要素生产率产生的空间溢出效应，本书的创新点主要体现在以下三个方面：

第一，本书在梳理金融集聚发挥的经济效应和环境效应作用机理的基础上，阐述了金融集聚对绿色全要素生产率影响的一般机理、传导机制以及空间溢出效应，揭示了金融集聚对绿色全要素生产率的正向促进作用，金融集聚能够通过促进城市创新能力的提升、劳动力市场高级化、产业结构高级化，进而实现绿色全要素生产率的提升。此外，"本地"的金融集聚还会对"邻地"的绿色全要素生产率产生负向的空间溢出效应。这是对以往研究中分别单独讨论金融集聚的经济效应和环境效应的有益补充。具体来说，金融集聚对绿色全要素生产率影响的一般机理是：通过金融集聚发挥的资源优化配置效应、网络经济效应、外部规模经济效应和自我强化效应,从而促进绿色全要素生产率的提升。金融集聚对绿色全要素生产率影响的传导机制是:金融集聚通过促进城市创新能力的提升、吸引高素质劳动力集聚、推动产业结构优化升级,进而实现绿色全要素生产率的提升。金融集聚对绿色全要素生产率产生的空间溢出效应是:"本地"的金融集聚会对周边邻近地区的资金、人才、技术产生"虹吸效应",从而抑制周边邻近地区绿色全要素生产率的提升。

第二,本书在阐述金融集聚对绿色全要素生产率影响的一般机理、传导机制以及空间溢出效应的基础上,进一步阐述了资源依赖视角下金融集聚对绿色全要素生产率影响的一般机理、传导机制以及空间溢出效应,揭示了在资源型城市中,金融集聚将会抑制绿色全要素生产率的提升,并且金融集聚无法通过促进城市创新能力的提升、劳动力市场高级化、产业结构高级化,进而实现绿色全要素生产率的提升。此外,资源型城市中"本地"的金融集聚对"邻地"的绿色全要素生产率产生的空间溢出效应要小于非资源型城市。将资源依赖、金融集聚以及绿色全要素生产率纳入统一的研究框架中,丰富了金融集聚作用于绿色经济的研究视角。具体来说,资源依赖视角下金融集聚对绿色全要素生产率影响的一般机理是:在资源型地区中,由于金融集聚规模较低、金融资源倾向于流向资源型产业,从而对绿色全要素生产率产生不利影响。资源依赖视角下金融集聚对绿色全要素生产率影响的传导机制是:在资源型城市中,经济发展对资源型产业的过度依赖会对创新要素、高素质劳动力、其他产业产生"挤出效应",金融集聚无法通过促进城市创新能力的提升、吸引高素质劳动力集聚、推动产业结构优化升级,进而实现绿色全要素生产率的提升。资源依赖视角下金融集聚对绿色全要素生产率影响的空间溢出效应是:资源型地区相比非资源型地区来说,交通设施和网络系统相对欠发达,使得资源型地区产生的空间溢出效应要小于非资源型地区产生的空间溢出效应。

第三,在实证检验中,以《全国资源型城市可持续发展规划(2013—2020年)》作为重要的参考标准,构建了我国105个资源型城市和153个非资源型城市的宏观面板数据，采用对照分析的实证检验方式揭示了资源依赖视角下金融集聚对绿色全要素生产率影响的一般机理、传导机制以及空间溢出效应。相比全样本回归的方式，得到的实证结论更加可靠。具体来说，以《全国资源型城市可持续发展规划（2013—2020年）》中界定的105个以矿产开采和加工为主导产业的资源型城市以及《全国资源型城市可持续发展规划（2013—2020年）》界定的资源型城市之外的153个非资源型城市为研究样本，采用对照分析的方式，构建静态面板模型、面板门槛模型、中介效应模型以及空间杜宾模型来检验资源依赖视角下金融集聚对绿色全要素生产率影响的一般机理、传导机制以及空间溢出效应。

第二章

资源依赖视角下金融集聚影响绿色全要素生产率的理论分析

本书第一章对本研究主题的国内外相关文献进行了梳理,明确了本书的研究对象为资源依赖视角下金融集聚对绿色全要素生产率的影响,因此,本章从理论层面出发分析资源依赖视角下金融集聚对绿色全要素生产率的影响,首先,分析研究对象的概念以及度量方式,主要包括资源依赖的概念界定和指标测度、金融集聚的概念界定和指标测度、绿色全要素生产率的概念界定和指标测度。其次,对资源依赖视角下金融集聚对绿色全要素生产率影响的相关理论进行回顾,主要包括资源依赖的"挤出效应"、资源依赖的环境"诅咒效应"、金融集聚的绿色内涵、金融集聚的治污特征、绿色全要素生产率的理论内涵、集聚经济对绿色全要素生产率的影响。最后,分析资源依赖视角下金融集聚对绿色全要素生产率的影响机理,主要包括资源依赖视角下金融集聚对绿色全要素生产率影响的一般机理以及金融集聚的门槛效应、金融集聚的创新效应影响机制、金融集聚的劳动力市场效应影响机制、金融集聚的产业结构效应影响机制以及金融集聚的空间溢出效应影响机制。

第一节 资源依赖、金融集聚与绿色全要素生产率的概念界定与指标测度

一、资源依赖的概念界定与指标测度

(一)概念界定

为了对资源依赖的概念进行界定,首先要明确"资源依赖"中"资源"以及"资源型城市"的概念。

资源是指一个地区或国家拥有的人力、物力、财力等的总称。按类别划分,资源可以分为自然资源和社会资源。自然资源是指阳光、空气、水、煤、石油、森林等,而社会资源是指人力资源、信息资源等。本书所

研究的资源是指自然资源。自然资源按照其数量变化可以分为耗竭性自然资源、稳定性自然资源和再生性自然资源，耗竭性自然资源是指随着人们对自然资源的开采，这类资源的数量会越来越少，并且不能再生，直至消耗殆尽，比如煤、石油、天然气等。稳定性自然资源是指数量比较固定的自然资源，并且不具有消耗性特点，比如土地等。再生性自然资源是指这类资源具有再生性，随着时间的推移能够以一定的速率不断再生，比如阳光、空气、水等。本书所研究的自然资源主要聚焦在矿产这类耗竭性自然资源上。

关于"资源型城市"的概念界定，国内外存在着较大的区别。国外的研究认为，资源型城市是指受私营资本控制，由一些公司对资源进行投资而产生的，并且这些公司通常只追求自身利益最大化，从而引发资源枯竭、环境污染等问题，最终走向衰退（Bradbury，1979）的区域。国内的研究认为，资源型城市通常是指县级以上行政地位的地区，承担着资源开发、资源产品粗加工的相关职能。并且国内学者分别从定性和定量两个方面对资源型城市展开定义，在定性方面，一种是"先城后矿"式，即资源型城市是指专门向整个经济社会提供资源产品的城市（张秀生等，2001），另一种是"先矿后城"式，即资源型城市是指由于资源开发而兴起的城市（刘云刚，2002）。在定量方面，樊杰（1993）认为，当一个城市的矿业产值占整个城市工业总产值的比重大于等于10%时，则这类型城市是资源型城市。王元（2000）认为，当一个城市中从事资源产业开发、经营等的人口占城市总人口的比重大于40%时，则这类型城市是资源型城市。由此可见，在定性和定量方面，学者们关于资源型城市的界定均不一致。为了研究工作的方便，国务院在2013年发布了《全国资源型城市可持续发展规划（2013—2020年）》，根据三个界定原则和四个界定标准对资源型城市进行了定义并指出，资源型城市是以本地区矿产、森林等自然资源开采和加工为主导产业的城市，并首次界定了我国262个资源型地区。其中，三个界定原则是发生学原则、动态原则和定性定量相结合原则，四个界定标准是对采掘业产值占比、采掘业规模、采掘业从业人员占比、采掘业从业人员规模给出了具体数值的界定标准。本书将《全国资源型城市可持续发展规划（2013—2020年）》作为重要的参考标准，从中选取105个以矿产资源开采和加工为主导产业的资源型城市以及除了《全国资源型城市可持续发展规划（2013—2020年）》名单之外的153个非资源型城市作为研究对象。

在明确了资源和资源型城市的相关概念之后，接下来阐述资源依赖的相关概念。在不同的领域，资源依赖的概念有所不同。"资源依赖"最早出现在管理学领域，主要是指一个组织需要靠从周围环境中获取各种资源以维系其正常运转，也就是说，组织的存活与否要依赖于周边环境中的资源。那么，组织在发展过程中最重要的目标之一就是不断摆脱对资源的依赖，实现持续不断的发展，这与资源型城市摆脱城市经济对自然资源的依赖具有相似之处。随后，在经济学领域出现了"资源诅咒"理论。资源诅咒是指在自然资源较为丰裕的地区，其经济无法实现长期持续的增长，即自然资源会对经济增长产生"诅咒效应"。产生"资源诅咒"的原因在于，一个地区的自然资源相对比较丰富时，该地区主要倾向于发展资源型产业，而过度发展资源型产业将会产生以下三个方面的不利影响：第一，资源型产业以资源开采或者资源的粗加工作业为主，生产技术水平相对较低，在一定程度上会对创新技术产生"挤出效应"。第二，资源开采或者资源粗加工作业的特点主要是简单重复，从事这些工作的劳动力不需要接受高水平的教育即可胜任这项工作，长此以往，资源型产业的繁荣就会对教育产生"挤出效应"。第三，资源型产业的繁荣使大部分生产要素均流向资源型产业，久而久之，资源型地区的其他制造业呈现逐渐萎缩的特点。在早期的研究中，学者们认为资源禀赋是导致"资源诅咒"效应的根本原因（Sachs等，1995）。但很快这种观点受到了质疑和批评，资源禀赋较高并不是导致一个地区经济增长出现"资源诅咒"效应的根本原因，如果对自然资源进行合理利用和开发，发挥资源产业的比较优势，自然资源不仅不会阻碍经济的发展，还会成为经济发展的动力。产生"资源诅咒"效应的根本原因在于资源禀赋较高地区所产生的资源依赖，资源禀赋较高的地区通常倾向于发展资源型产业，资源依赖体现为资源型产业对于整个经济发展的重要性。Papyrakis 等（2004）、Cerny 等（2007）均指出，资源型地区存在的"资源诅咒"效应并不是丰富的自然资源导致的，而是因为这些地区出现的资源依赖特征。同时，Stijns（2005）研究发现，在自然资源充裕的地区，自然资源依赖与经济增长呈现负相关关系，而不是自然资源禀赋与经济增长呈现负相关关系，这也说明了经济发展缓慢不是由于自然资源禀赋导致的，而是由于地区经济对自然资源的依赖所导致的，自然资源依赖才是导致"资源诅咒"问题的根本原因。邵帅等（2010）指出，资源依赖是指一个地区或国家的经济发展对于资源型产业的依赖程度，也就是说，资源型产业对于区域经济发展起到多大的作用。解晋等（2019）指出"资源禀赋"与"资源依赖"这两个概念是不同的，进一步研究发现，在中国，由于官员晋升激励以及市场扭曲现象的存在，使得资源禀赋较高的地区容易产生资源依赖。

因此，本书所研究的自然资源主要聚焦在矿产资源这类耗竭性自然资源上，资源型城市主要聚焦在以矿产资源开采和加工为主导产业这类资源型城市上。在此基础上，本书进一步将资源依赖定义为能够反映城市经济发展与自然资源开采二者之间关系的密切程度，能够衡量矿产资源对于城市经济发展的重要性。

（二）指标测度

在早期的研究中，学者们认为产生"资源诅咒"的原因主要在于较高的资源禀赋，并采用绝对值和相对值的方法对资源禀赋进行测度。后来的研究否定了这种观点，认为产生"资源诅咒"的原因主要在于资源禀赋较高的地区形成的资源依赖效应，并采用初级产品部门的产值占比、采掘业的固定资产投资占比、采掘业总产值占比等指标对资源依赖进行测度。

关于自然资源禀赋的测度方式，主要有绝对值法和相对值法，绝对值法是度量区域内资源的绝对储量，相对值法是度量区域内资源的人均储量、地均储量。Brunnschweiler（2008）的研究主要是将一个地区内人均拥有的自然资源禀赋数量作为衡量区域内自然资源禀赋的标准。邵帅等（2010）指出，自然资源禀赋分为绝对水平和相对水平，绝对水平是指一个地区或国家实际拥有的自然资源的数量，相对水平是指人均拥有的自然资源或者单位区域面积拥有的自然资源数量。

关于自然资源依赖的测度方式，Papyrakis 等（2007）采用初级产品部门的产值占所在地区 GDP 的比重来表示资源依赖程度。徐康宁等（2006）、徐昊等（2022）采用采掘业固定资产投资占固定资产投资总额的比重来表示一个区域的自然资源依赖程度。李天籽（2007）、韩军辉等（2017）采用区域内采掘业总产值占工业总产值的比重表示自然资源依赖程度。孙永平等（2011）、邵帅等（2013）、高安刚等（2018）、李江龙等（2018）、马若微等（2021）、裴耀琳等（2021）、张艳等（2022）采用区域内采掘业从业人数占总从业人数的比重来表示区域经济发展对自然资源的依赖程度。

鉴于地级市层面的数据可得性，本书在后续的实证研究中，借鉴已有学者的做法，采用各城市采矿业从业人数占总从业人数的比重来测度各城市的资源依赖程度。

二、金融集聚的概念界定与指标测度

（一）概念界定

"集聚"一词来源于"产业集聚"，产业集聚是指某一产业经过长期以来的分工协作形成长期稳定的合作关系，并逐渐在某一地理位置上形成具有竞争优势的空间集群企业。产业集聚又进一步分为两大类，一类是专业化集聚，是指同一产业的生产要素向某一空间区域不断汇集；另一类是多样化集聚，是指不同产业的生产要素向某一空间区域不断地协同集聚。最早关于产业集聚的研究大部分是针对制造业集聚，到 20 世纪 70 年代，随着金融行业的不断发展，金融业逐渐呈现出集聚的特征，金融集聚逐渐成为国内外学者关注的焦点。

金融集聚是在产业集聚的基础上发展而来的，是指金融资源在某一区域内聚集形成特殊的产业空间结构。目前，关于"金融集聚"的内涵，学术界尚未给出统一的定义。既可以从静态的角度对金融集聚进行解释，也可以从动态的角度对金融集聚进行解释。从静态的角度来看，金融集聚是指金融体系在地理空间上有序演变的一种结果或状态，并最终在某个区域内达到一定的规模。Davis（1990）、Pandit 等（2001）发现，金融机构选址时更倾向于选择经济比较发达的城市，这些金融机构在地理空间上表现出密度较高的特征，那么这种金融集群的形式称为"金融集聚"。Gehrig（1998）从信息可获得性的角度将金融集聚定义为金融机构为了及时准确地获取金融交易的相关信息而聚集在一起的产物。连建辉等（2005）指出，金融集聚是一种特殊的产业组织形式，是从事金融产品生产和交易的网络组织。滕春强（2006）认为，金融集聚是介于金融机构和金融市场之间的一种网络组织形式。梁颖等（2006）认为，金融集聚是一个国家的各种金融机构在某一特定的区域聚集，并与其他国际性金融机构之间存在密切业务往来，进而形成一种特殊的空间组织。从动态的角度来看，金融集聚是指金融资源与地理空间不断协调演化的一种发展进程，在这个过程中，金融产品、机构等不断发展变化，最终在某个区域内集聚一定规模的金融资源。随着经济全球化进程的加快，金融资源在空间上逐渐呈现出集聚的特点。金融集聚的初始阶段，主要是为集聚区内的企业提供支持与服务，并且集聚规模逐渐增大。随着金融资源的不断聚集，金融集聚逐渐进入一个成熟稳定的阶段，此时金融规模迅速扩大，成为区域内经济发展的重要力量。当金融集聚规模逐渐增大直至接近市场需求的极限值时，金融资源不再继续增加，集聚区域内企业的竞争不断加剧，容易产生交通拥堵、成本上升等一系列负面影响，此时向周边邻近区域逐渐扩散成为金融机构的最佳选择，旧的金融集聚区域的集聚程度逐渐下降，并在其他区域逐渐形成新的金融集聚。Kindleberger（1974）认为，金融机构相互之间不断地协调合作,可以解决资金供求矛盾,从而使社会总效益得到提高,金融机构的数量不断增多,进一步形成金融集聚中心。Pandit 等(2002)认为,金融集聚的出现是由于金融要素和金融资源的不断流动,使得金融业发展为集群形式,集群规模不断扩大,最终形成金融中心,金融集聚实质上是金融发展的极化现象。黄解宇(2006)认为,金融集聚实质上是通过金融资源与地域条件不断地协调、组合,进而在特定空间范围内生成金融地域密集系统的动态变化过程。

本书进一步将金融集聚定义为金融机构、金融信息等金融资源在空间范围内与某一地域条件不断地协调、组合,并与其他产业相互融合、影响,进而在某一区域形成一定规模的金融产业集群的现象。

(二)指标测度

目前,关于金融集聚的定量测度方式主要有两种,一种是单一指标法,是从空间地理角度出发,测量金融活动的地理集中度。另一种是多指标综合评价法,通过多个反映金融产业发展程度的指标来综合计算金融集聚程度。

单一指标的测度方式可以反映区域内金融产业的专业化优势以及金融要素的地理空间分布情况,目前的单一指标法主要包括区位熵、赫芬达尔指数、空间基尼系数和金融活动地理密度等。第一,关于区位熵的测度方式,应用最为广泛的区位熵指数的构造方式主要有金融产业增加值与 GDP 的比重、金融产业从业人数与总从业人数的比重。张志元等(2009)、张秀艳(2019)、徐欣等(2021)运用区位熵来测度中国各省份的金融集聚程度。区位熵的优点表现在:能够从产业的专业化角度来衡量金融业的集聚程度,并反映内部规模差异。缺点表现在:如果以 1 作为临界值来判断是否达到金融集聚,与实际情况会存在出入。第二,关于赫芬达尔指数的测度方式,主要侧重于测度金融企业的集中程度。姜冉(2010)运用赫芬达尔指数对中国九个省份的金融集聚程度进行了计算。赫芬达尔指数的优点表现在能够反映市场与产业的集中度,缺点表现在:无法反映区域金融资源的集中程度，不能进行区域之间的比较。第三，关于空间基尼系数的测度方法，主要侧重于测度金融产业的区域集聚程度。徐沈（2011）采用空间基尼系数对中国的金融集聚水平进行分析。空间基尼系数的优点表现在能够反映产业、区域的集中度与差异，缺点表现在无法避免由于指标选取造成的主观性偏差。第四，关于金融活动地理密度的测度方法，主要侧重于测度金融活动规模在地理空间上的集中程度。陶锋等（2017）、郑威等（2019）、王书华等（2022）采用金融活动规模的地理密度对中国地级市的金融集聚程度进行计算，并使用金融机构年末各项贷款余额来表示地级市的金融活动规模。金融活动地理密度的优点表现在能够进行跨区域比较，缺点表现在不能跨产业进行产业间的比较。

除了单一指标法之外，学者们纷纷开始尝试使用综合评价指标法对金融集聚进行测度，构建综合评价体系的指标主要包括金融交易规模、金融从业人员、金融资本等多种因素，从而有助于从多个视角共同反映金融集聚。茹乐峰等（2014）选取了10个与金融相关的指标，并使用因子分析法构建了中国地级市层面的金融集聚水平测度体系。何宜庆等（2014）从银行业、证券业和保险业等四个方面选取13个指标，并运用主成分分析法对中国中部六省的金融集聚水平进行度量。谢婷婷等（2018）从金融密度、银行业、证券业、保险业四个方面选取10个指标，并采用熵值法对各指标进行赋权，从而综合度量中国各省份的金融集聚水平。王如玉等（2019）对各城市存贷款、金融机构从业人员、各城市A股市场IPO的公司数量、证券公司数量以及公募基金数量进行赋权，综合构建中国各地级市的金融集聚度指标。龚勤林等（2021）将金融资产、金融机构、金融人才作为一级指标，选取12个二级指标，使用熵值法对中国各省份的金融集聚程度进行测度。

鉴于地级市层面的数据可得性，本书在后续的实证研究中，借鉴已有学者的做法，采用地级市年末金融机构各项存贷款余额之和与地级市人口总数来衡量地级市层面的金融集聚程度。

三、绿色全要素生产率的概念界定与指标测度

（一）概念界定

效率始终是经济学领域关注的焦点，Solow（1957）最早给出了全要素生产率的定义，全要素生产率是指扣除资本和劳动以外其他生产要素实现的技术进步，能够反映技术进步对经济增长的贡献（Jorgenson，1966）。相比最初的单要素生产率，全要素生产率能够体现投入和产出之间的效率水平。后来，Aigner 等（1977）提出的随机前沿分析方法（SFA）、Charnes 等（1978）提出的效率测度方法对全要素生产率实现了定量分析，使得对全要素生产率的研究从理论转向实证。诚然，全要素生产率已经成为判断实体经济是否具有增长潜能的关键指标。传统的全要素生产率是指除了劳动、资本等投入以外，由看不见的技术进步和技术效率带来的提升。但是随着现代经济的发展，经济不断增长的同时，自然资源和生态约束趋紧，各国均陷入经济发展和环境保护的两难困境，环境质量问题成为经济发展质量的重要刚性约束（王兵等，2015），忽略环境保护的经济增长不具有可持续性，资源节约和环境保护的重要性逐渐突出。而全要素生产率并未考虑环境污染问题，存在明显的局限性（Nanere 等，2007），并可能在政策建议上出现误导（Hailu 等，2020）。

此时，在全要素生产率基础上进一步纳入环境要素所构造出的绿色全要素生产率引起学者们的广泛关注。随着资源约束趋紧、环境质量逐渐恶化，资源和环境逐渐成为制约经济发展的重要因素，忽略资源约束和环境质量的全要素生产率不符合现阶段的经济发展状况，甚至可能提出不合理、不准确的政策建议。因此，绿色全要素生产率就是进一步考虑资源约束和环境污染问题。Chung 等（1995）将污染排放作为非期望产出加入瑞典纸浆厂全要素生产率的计算中，首次实现了真正意义上的绿色全要素生产率。此后，Ramanathan（2005）指出，绿色全要素生产率不仅考虑了经

济增长，还将环境污染考虑在内，能够更加准确地评估经济绩效和经济发展的可持续性。陈诗一（2010）认为，绿色全要素生产率是评估经济发展转型的重要指标。李玲等（2012）指出，绿色全要素生产率是将环境污染和能源要素作为经济增长的内生变量，对经济绩效的评估更加准确。关于如何在全要素生产率中考虑环境污染造成的影响，最初，Mohtadi（1996）、陈诗一（2009）等将污染排放物作为一种未支付的投入与劳动、资本等生产要素一并纳入到生产函数中来评估绿色全要素生产率。但是由于环境污染排放是产出而非投入，将其作为投入来考虑绿色全要素生产率的方式明显不合理。后来，学者们发现绿色全要素生产率应该是将环境污染排放作为非期望产出纳入生产率核算的框架中，企业在生产过程中，不仅会带来对社会有益的产出，而且还会对环境造成一定的污染。所以绿色全要素生产率进行核算时不仅考虑了生产过程中"好的"产出，还将生产过程中产生的"坏的"非期望产出纳入核算范畴，对于经济绩效的评价更加合理准确。李俊等（2009）、Elsadig（2012）、李兰冰等（2015）将环境污染排放作为相对于"合意产出"的一种"非合意产出"，将绿色全要素生产率定义为综合考虑劳动投入、资本投入、能源投入以及期望产出、非期望产出的投入产出效率。肖欢明（2014）认为，全要素生产率的关键在于提升资源配置效率，而提升资源配置效率不仅体现在提升劳动和资本生产要素的投入产出效率，还体现在能源的消耗以及对环境质量产生的影响，而传统的全要素生产率忽略了能源消耗、环境污染问题，因此，应该将能源消耗和环境污染问题一并纳入全要素生产率的核算范畴。

本书进一步将绿色全要素生产率定义为考虑资源消耗和环境污染后的全要素生产率，具体来说，就是将能源消耗纳入投入要素中，将环境污染物作为非期望产出纳入产出要素中，与传统的投入、产出要素共同构成绿色全要素生产率。

（二）指标测度

在绿色全要素生产率的测度方面，现有文献中主要有两种测度方式，分别是随机前沿生产函数法（SFA）和数据包络分析法（DEA）。

第一种方法是随机前沿生产函数法（SFA），是基于回归分析的参数方法来测度绿色全要素生产率。这种方法的主要优点是能够考虑环境变化和随机因素对生产效率产生的影响，其缺点是需要将效率假定为是随着时间变化而变化的。展进涛等（2019）运用 SFA 测度了中国省级层面的农业绿色全要素生产率，并且发现各省份的农业 GTFP 整体上呈现波动变化的特征。

第二种方法是数据包络分析法（DEA），这种方法在学术界的应用最广。目前，学术界关于使用数据包络分析法测算绿色全要素生产率的研究可以分为两大类，一类是使用方向距离函数 DDF 模型测算绿色全要素生产率，另一类是使用包含松弛变量的方向距离函数 SBM 模型测算绿色全要素生产率。关于方向距离函数 DDF 模型测算绿色全要素生产率的方法，为了克服径向给测量结果带来的误差，Färe 等（2010）又在径向 DDF 模型的基础上开发了非径向的 DDF 模型，使绿色全要素生产率的计算更为准确。Chung 等（1997）在 Luenberger 指数的基础上构建了 Malmquist - Luenberger（ML）指数，可以同时考虑期望产出的增加和非期望产出的减少。后来，学者们采用非径向的 DDF 模型结合 ML 指数对包含环境污染因素的全要素生产率进行测算。Arabi 等（2014）利用 DDF 模型结合 ML 指数对伊朗电力行业的生产效率进行了测算。Wang 等（2013）利用 DDF 模型结合 ML 指数对中国各省份的绿色全要素生产率进行了测算。Chen 等（2014）、Li 等（2016）利用 DDF 模型结合 ML 指数对中国工业行业的绿色全要素生产率进行了测算。后来，Pastor 等（2005）、蔡乌赶等（2017）认为全局 ML 指数（GML 指数）能够避免 ML 指数均参考共同前沿面造成的非传递性等缺陷。学者们开始使用 DDF 模型结合 GML 指数的测算方式，协天紫光等（2019）、薛飞等（2021）使用 DDF - GML 指数对绿色全要素生产率进行了测算。

关于使用包含松弛变量的方向距离函数 SBM 模型测算绿色全要素生产率的方法，由于方向性距离函数是角度的、径向的，存在投入要素或者产出要素的非零松弛，容易产生测量偏误。因此，Tone（2001）将松弛变量纳入目标函数中，构造出一种非角度的、非径向的 DEA 模型，即 SBM 模型，后来又进一步提出超效率 SBM 模型。为了进一步完善非期望产出超效率 SBM 模型的不足，周五七（2014）采用 SBM 模型和 ML 指数相结合的方式测算中国省级层面的绿色全要素生产率，并指出这种计算方式更加符合当前经济增长与环境保护协同进步的要求。后来，朱文涛等（2019）、陈黎明等（2020）也使用该方法计算中国省级层面的绿色全要素生产率。进一步，考虑到 GML 指数具有可传递性、循环累加性，学者们开始使用 SBM 模型与 GML 指数相结合的方法对绿色全要素生产率进行测算，李卫兵等（2017）、郑强（2018）就是使用这种方法对中国的绿色全要素生产率进行测算的。

本书在后续的实证研究中，借鉴已有学者的做法，采用非期望产出超效率 SBM 模型结合 ML 指数的方法来测度绿色全要素生产率，其中，涉及投入和产出指标，投入指标主要包括资本投入、人力投入以及能源投入，产出指标主要包括期望产出和非期望产出。

第二节 资源依赖视角下金融集聚影响绿色全要素生产率的理论回顾

一、资源依赖的"挤出效应"

资源型地区以发展资源型产业为主，经济发展对于自然资源的依赖程度较高，在一定程度上会对技术创新、高素质劳动力以及制造业产业产生"挤出效应"。

首先，资源依赖会对技术创新产生"挤出效应"，主要体现在三个方面：第一，开采自然资源在短时间内能够获得较高的收益，这就使得资源型地区通常倾向于先发展资源型产业，资源开采工作通常不涉及高水平的生产技术，企业家从事技术创新活动的动力不足；第二，资源型地区在经济发展过程中通常面临较低的资源约束，这就使得其提升资源开采效率的动力不足（Papyrakis等，2006），不利于实现生产技术的进步；第三，资源型地区往往会导致更多的生产要素流向资源型产业，不利于其他制造业的发展（Corden等，1982），而制造业部门的生产技术通常要高于资源型产业，更易于从事技术研发活动。

其次，资源依赖会对高素质劳动力产生"挤出效应"，主要体现在三个方面：第一，资源型产业从事的资源开采、粗加工等工作相对比较简单，对于劳动力的要求要明显低于制造业部门（Shao等，2014），从而对高素质人力资本产生"挤出效应"；第二，资源型产业涉及的技术活动相对较少，并且其涉及的技术活动通常具有高度专业化的特点（马若微等，2021），很难在短时间内产生外溢效应，不利于促进劳动素质的提升；第三，一方面，资源型产业的收益大部分掌握在政府官员以及资源产业所有者的手中；另一方面，资源型产品的价格具有不确定性，这就使得高素质劳动力很难获取超额收益，从而降低了人们接受更高层次教育的动力。

最后，资源依赖会对制造业产生"挤出效应"，主要体现在两个方面：第一，资源型产业的繁荣使区域内的大部分劳动力流向资源型产业，而劳动力的跨区域流动会产生摩擦成本，从而导致劳动力需求紧张、劳动力工资上涨等一系列问题，对制造业部门产生"挤出效应"（Sachs等，2001）；第二，在资源型地区中，资源型产品的出口将会使本币升值，导致制造业产品的相对价格提升，国际竞争力下降，使得制造业逐渐萎缩（Corden等，1982）。

二、资源依赖的环境"诅咒效应"

资源依赖对于环境质量的"诅咒效应"主要体现在以下两个方面：一方面，根据资源禀赋理论，资源禀赋较高的地区通常会产生资源依赖，即经济发展高度依赖于资源型产业。资源型产业以资源开采活动以及资源型产品的粗加工为主，具有典型的高排放、高耗能、高污染、低效益的特点（向仙虹等，2020），容易对环境质量产生不利影响，并且资源型地区进行污染治理的成本较高，企业家进行治污减排的动力不足，从而形成资源依赖路径，陷入"资源诅咒"陷阱。另一方面，在资源型地区中，资源型产业能够为制造业提供充裕的资源支持，制造业对资源的高消耗，进一步使制造业对环境质量产生不利影响，产生"资源诅咒"效应（张峰等，2018）。

三、金融集聚的绿色内涵

金融集聚的绿色内涵不仅体现在某个区域层面，还体现在区域间的空间互动层面，如图 2-1 所示。

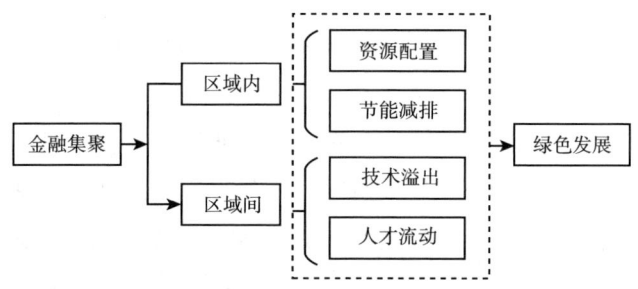

图 2-1 金融集聚的绿色内涵

在区域内部层面，金融资源在地理空间上的集聚在一定程度上能够优化资源配置效率。Greenwood 等（1997）认为，金融集聚有利于推动资金流向社会效益较高的产业。Buera 等（2011）认为，金融集聚有利于金融部门通过对企业进行事前评估，选择效率较高、发展潜力较大的企业进行投资，有利于优化地区的资源配置效率。首先，金融集聚区域的金融中介能够在较短的时间内获得各类投资信息，并对这些信息进行高效处理，能够较为准确地识别效率较高且具有发展前景的企业，有助于引导金融资源流向生产效率较高、清洁度较高的产业，这样不仅有助于提升区域内的生产效率，还有利于促进区域内的绿色发展。其次，金融资源在某一地理区域范围内不断聚集，集聚规模逐渐扩大，有助于降低企业的融资成本，使企业可以拥有更多的资本从事生产经营、研发创新，生产规模逐渐扩大，研发创新能力逐渐提升，进一步对高端人才、技术产生吸引力，有利于人才、技术的进一步集聚，从而可以不断地向劳动力市场输送高端、绿色、低碳、节能的技术人才，劳动力市场的人力层次不断攀升，有助于改善实体经济的生产效率，减少生产过程中污染物的排放。最后，金融集聚能够降低区域范围内资金的流动性风险，为企业提供投融资便利，缓解企业的融资约束问题，从而降低企业从事绿色研发创新活动的风险，加剧企业之间的竞争程度，有助于形成具有市场竞争力的绿色产品市场，实现节能减排，推动区域范围内的绿色发展。

在区域间的空间层面，刘军等（2007）认为，金融集聚可以通过金融服务网络的延伸强化区域之间的互动，促进知识、技术、人才在空间范围内的流动和转移，实现资源在空间范围内的合理配置。金融集聚区域作为"信息腹地"，信息的流动成本较低，有利于实现信息的高效流动，先进的绿色技术能够产生空间溢出效应，以较快的速度传播到其他区域，实现区域间协同绿色发展。同时，金融集聚使区域之间的互动不断加强，有助于实现绿色技术人才的跨区域流动，推动区域间劳动力市场的协同进步，实现跨区域绿色发展。

四、金融集聚的治污特征

金融集聚对环境污染治理的影响表现为从初始阶段逐渐过渡至强化阶段，再进一步到成熟阶段，如图 2-2 所示。

首先，在金融集聚发展的初始阶段，集聚区域内，由于地理距离的邻近能够降低企业的运输成本，运输成本是指企业在寻求资金时所付出的接洽和沟通的人力、物力、财力成本。同时，地理距离的邻近还能降低企业面临的信息成本，企业信息按其可量化程度和私人化程度分为"硬"信息

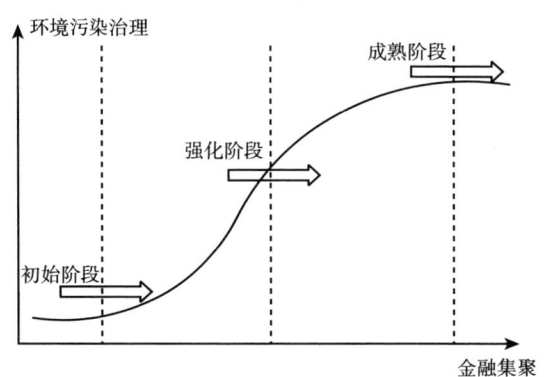

图 2-2 金融集聚的治污特征

和"软"信息（Petersen 等，2002），相比于"硬"信息，"软"信息更能缓解资金供求双方之间的信息不对称，而远距离的传播会使"软"信息传递的质量严重下降。特别是在金融合约的洽谈、签订和执行过程中，严重的信息不对称会增加企业面临的信息成本，相比金融集聚区域来说，外围地区的企业就不得不付出更高的资金使用成本才能满足其融资需求。因此，在集聚范围内企业将会有更多的资金投资于绿色创新活动中，从而使得金融集聚开始显现环境正外部性。并且金融集聚区域内，能够加快绿色技术的传播，有助于绿色创新技术的广泛应用，从而全面提升区域的绿色发展能力。

其次，在金融集聚发展的强化阶段，区域内通过绿色技术的扩散和发挥规模经济效应进一步减少污染物的排放，实现绿色发展。随着金融集聚的扩大，更有利于绿色技术的扩散和溢出，带动区域内的产业逐渐由传统化向高端化、绿色化转型，为企业采用低碳节能的生产技术提供了可能，有助于区域整体实现节能减排，缓解环境污染问题。同时，金融集聚能够增强金融业与其他产业之间的互动交流，实现资源的共享，逐渐形成一个完善的网络系统，从而充分发挥其产生的规模经济效应（Park 等，1989）。金融集聚的规模效应能够吸引大量的技能劳动力，形成高端人才集聚，通过不断交流和协作，进一步形成知识和技术的网络系统，区域内逐渐形成创新发展和集体学习的氛围，促进先进的绿色节能理念以及绿色创新技术渗透和应用在生产经营的各个环节，不仅能够实现生产效率的全面提升，还能全面减少污染物的排放。

最后，在金融集聚发展的成熟阶段，金融业与其他产业逐渐形成长期稳定的协作关系，金融机构能够为企业实现绿色技术创新提供长期而稳定的资金来源，并且企业之间的竞争逐步加剧，将会加快绿色生产技术和绿色产品的研发，进一步促进区域内的产业向更高、更绿色的价值端攀升，环境污染治理也逐渐进入稳定发展的"成熟阶段"，从而最大限度地实现经济增长与环境质量优化的"双赢"。

五、绿色全要素生产率的理论内涵

（一）环境技术视角

企业通过投入生产要素从事生产活动，最终实现的产出不仅包含企业所期望的产出，还伴随着一系列如二氧化硫、废水、烟（粉）尘等非期望产出。传统的全要素生产率只关注投入与期望产出之间的效率，忽略了非期望产出。目前来看，资源消耗和环境污染问题已经成为各国政府关注的焦点问题，忽略资源消耗和环境污染的经济发展是不可持续的，各国政府对节能减排、绿色环保以及实现经济高质量发展的诉求日益强烈。因此，全要素生产率指标无法评价能源消耗和环境污染问题，在资源约束趋紧和环境质量恶化的现阶段，绿色全要素生产率能够弥补全要素生产率的不足，将能源消耗和环境污染纳入分析范畴，能够应对低碳发展、绿色发展等问题。绿色全要素生产率逐渐成为环境技术评价的重要函数（Färe 等，2007；薛飞等，2021），从环境技术评价的视角来看，减少企业生产过程中的非期望产出是实现环境质量优化的前提，如何减少企业的非期望产出，这就要求企业从事绿色研发创新活动、引进先进的绿色清洁技术以改进原来落后的生产技术，减少生产过程中污染物的排放，生产出具有市竞争力的绿色产品以满足社会公众对环境质量的诉求，这不仅能够实现企业的经济效益，还能够改善环境质量。

（二）绿色发展视角

绿色发展是破除经济增长与环境保护之间矛盾的必然选择，对于我国实现可持续经济发展具有重要的战略意义。首先，绿色发展要求全社会形成绿色发展理念，提倡公众进行绿色消费、绿色生活，大力弘扬绿色文化。其次，绿色技术进步是实现绿色发展的核心要素，而企业在进行绿色技术研发活动时面临的主要问题就是融资约束，政府部门应通过加快出台和完善绿色技术创新的相关法律法规，对从事绿色技术创新的企业给予税收和融资优惠，激发企业从事绿色技术创新的动力，绿色技术进步能够显著推动绿色全要素生产率的提升。再次，绿色发展要求调整和改进产业结构，通过提升资源配置效率，促进生产要素高效流动，进而推动产业实现全面绿色转型，进一步实现绿色全要素生产率的提升。最后，绿色发展要求各级政府建立"绿色 GDP"的考核机制（尹传斌等，2017），改变原来传统的"唯 GDP 论"，将环境质量考核纳入考虑范围，加快提升绿色全要素生产率。综上所述，绿色全要素生产率的提升是实现绿色发展的本质要求，只有绿色全要素生产率得以提升，才能够从根本上实现资源驱动式的粗放型经济发展向创新驱动式的绿色低碳经济发展转变。

（三）环境经济学视角

环境经济学作为环境学与经济学的交叉学科，逐渐成为经济学领域的新潮流。环境经济学研究的最终目的是通过使用经济学的手段来实现环境质量的优化。具体而言，环境经济学的主要研究范畴可以分为以下三类：第一类是研究经济发展所产生的环境污染问题，比如，对外经济贸易一方面会加剧产业集聚，对环境产生负面影响（何洁，2010），另一方面能够促进生产技术水平的提升，对环境质量产生积极影响（黄顺武等，2010）。第二类是研究通过经济学的手段来解决现阶段面临的环境问题。目前关于解决环境问题的经济学手段主要是庇古手段和科斯手段，庇古手段主要是通过政府的干预来解决环境污染问题，比如征收庇古税等；科斯手段主要是通过市场机制来解决环境污染问题，比如明晰产权等。第三类是将环境问题与可持续发展联系在一起，与环境经济学相关的人口规模、资源消耗等都会影响经济的可持续发展。在实现经济增长的同时，还要考虑资源的稀缺性和环境的承载力等问题，最终实现经济的绿色可持续发展。

可以看出，环境经济学可以深入分析环境问题产生的原因、解决环境问题的手段以及如何实现可持续发展，这将为提升绿色全要素生产率奠定一定的基础，加快实现经济发展和环境质量共赢的局面。

六、集聚经济对绿色全要素生产率的影响

企业、产业和城市都不是以个体形式而孤立存在的，经济和地理因素会对企业、产业在空间上的布局产生影响，最终形成产业集聚形式，产业之间和区域之间的互动进而形成不同的城市群组。空间结构是生产要素流动和生产经营活动在地理上形成的一种空间组织形式，经济集聚使经济活动在地理空间上呈现集聚特征进而产生一系列外部效益（程中华，2015），经济集聚视角下产业的空间结构和城市的空间结构都会对绿色全要素生产率产生影响。

从产业的空间结构来看，在集聚经济的视角下，产业在地理空间上不断集聚呈现产业集群形式。首先，产业集聚能够加剧区域内企业的竞争程度，激发企业从事技术创新活动的热情，从而减少生产过程中污染物的排放，生产出具有市场竞争力的产品。其次，产业集聚使得集聚范围内的企业能够共享基础设施，降低生产成本，企业将有更多的资金用于技术创新和改进，实现生产过程的绿色转型。再次，产业集聚能够优化资源配置效率，实现生产要素的充分利用，促进产业由低端、污染较高的价值链向高端、环境友好的价值链攀升（任阳军等，2019）。最后，产业集聚有助于外部规模经济效应的发挥，在集聚区域内产生知识溢出效应（余泳泽等，

2017),促进集聚区域生产技术的提升,实现全面绿色转型。

从城市的空间结构来看,主要是单中心城市和多中心城市,单中心城市是指生产要素主要集中在区域内的一个城市,而多中心城市是指生产要素分布在区域内的多个中心城市。对于单中心城市来说,生产要素分布比较集中,能够降低企业获取生产要素的交易成本和运输成本,发挥规模经济效应,使企业有足够的资金用于改善生产经营,实现节能减排。另外,单中心城市模式还能够缩短民众的通勤距离,从而减少能源消耗和碳排放(范秋芳等,2021)。当然,由于人口规模较大、产业集聚密度较高,单中心城市模式会产生一定的拥堵效应,引发高昂的拥堵成本,加剧能源的消耗和污染物的排放(张文武等,2020)。因此,单中心城市模式对绿色全要素生产率的影响方向要取决于集聚效应和拥堵效应的大小,当集聚效应发挥主要作用时,单中心城市模式有助于提升绿色全要素生产率,当拥堵效应发挥主要作用时,单中心城市模式将抑制绿色全要素生产率的提升。对于多中心城市来说,能够避免单中心城市出现的拥堵效应和资源争夺现象,一方面有助于促进产业间的分工合作,单中心城市的生产要素比较集中,而多中心城市的资源相对比较分散,产业间不得不选择相互合作,合作的同时还能促进产业间的竞争,有利于促进产业的全面绿色转型。另一方面有助于促进城市间的交流合作,通过不断交流合作,进而形成一个完善的城市群网络系统,能够促进生产要素的高效流动,最大限度实现资源的配置效率,有助于推动绿色全要素生产率的提升。

第三节 资源依赖视角下金融集聚影响绿色全要素生产率的机理分析

本节以资源依赖、金融集聚、绿色全要素生产率的概念界定和指标测度,以及资源依赖视角下金融集聚对绿色全要素生产率的理论回顾为基础,进一步对资源依赖视角下金融集聚影响绿色全要素生产率的机理进行分析。

一、资源依赖视角下金融集聚影响绿色全要素生产率的一般机理

已有研究通过理论分析和实证检验验证了金融集聚对绿色全要素生产率的影响作用（倪瑛等，2020；张莹莹等，2022），同时也有部分研究指出大部分金融体系功能的发挥都是靠金融集聚来实现的（King等，1993）。因此，一般而言，金融集聚对绿色全要素生产率的影响主要体现在以下四个方面：

第一，金融集聚发挥的资源优化配置效应。金融集聚区域往往汇集着丰富的生产要素（韩永楠等，2020），金融机构可以高效地处理各类投资机会，引导资本等生产要素从效率较低、污染较高的产业流向高效率、低污染的产业，将有限的资源更多地投入效率和效益更高的产业，实现资源的高效流动，推动绿色全要素生产率的提升。同时，金融集聚能够促进金融服务的专业化分工，促进金融机构推出更多的金融衍生工具，分散资金的流动性风险，为企业提供良好的融资环境，促进新兴产业的发展，逐渐淘汰落后产业，进而实现生产效率提升和环境质量优化的"共赢"。

第二，金融集聚发挥的网络经济效应。金融集聚产生的网络效益主要包括资金供求双方之间交易成本、信息成本的降低，以及资金供求双方之间密切互动产生的额外收益。首先，在金融集聚区域中，资金供求双方之间的地理距离明显缩短，这就使得资金供求双方之间的交易成本下降。具体而言，就是接洽和沟通的人力、物力、财力成本随之下降，投资项目的事前评估和事后监督发生的成本也会随之下降。同时，资金供求双方之间的信息成本也会下降，地理距离的邻近增加了金融机构获取企业"软"信息的便利性和可得性，能够缓解资金供求双方之间的信息不对称问题。其次，在金融集聚区域内，地理距离邻近也会促使企业主动利用这种地缘关系增加与金融机构的交流互动，构建长期的投融资关系，为企业提供稳定的资金来源（蔡庆丰等，2020）。进一步，金融集聚通过降低交易成本、

信息成本产生额外收益,从而能够降低企业在进行绿色投资时对资金约束的顾虑,激发企业从事绿色投资项目的动力,促进绿色全要素生产率的提升。

第三,金融集聚发挥的外部规模经济效应。在金融集聚区域内,金融集聚发挥的外部规模经济效应主要表现在为企业提供投融资便利和为企业节约周转资金两方面。首先,地理距离的邻近会增加各金融机构之间的互动交流频次,有利于建立跨专业业务合作关系,为企业提供更好、更专业的金融服务,实现投融资便利,为企业从事绿色投资项目提供资金保障。其次,随着金融机构的集聚和发展,为金融机构提供服务的相关辅助性产业也会随之集聚,从而在集聚区内形成高效的支付体系。集聚区域内的金融机构以及其他行业能够更有效地利用区域内的基础设施,实现资源共享,获得外部规模经济效应,为企业节约周转资金,使企业有更多的资金从事绿色投资项目,推动绿色全要素生产率的提升。

第四,金融集聚发挥的自我强化效应。金融集聚发挥的自我强化效应是通过资源优化配置效应、网络经济效应、外部规模经济效应的自我强化来实现的。在金融集聚区域内,随着金融机构和其他辅助性产业的进一步集聚,区域网络规模不断扩大,受惠的企业越来越多,金融机构之间、企业之间、金融机构与企业之间的交流合作越来越频繁(刘军等,2007),这就使得资源配置效率不断优化、网络效益不断增加、外部规模经济效应不断增强,进一步促进区域竞争力不断提高,绿色全要素生产率不断提升。

但是,当区分资源型城市和非资源型城市时,在资源型城市中,一方面,由于资源型产业对其他制造业产生的"挤出效应",使得资源型地区的潜在金融需求较低,金融集聚规模较小,不足以形成完善的网络系统,无法更好地发挥资源优化配置效应、网络经济效应、外部规模经济效应和自我强化效应。另一方面,由于资源型产业能够在短期内获取较大的收益,而资本本身具有逐利性,资源型地区的金融资源集聚会使资金进一步向资源型产业流动,反而不利于绿色全要素生产率的提升。具体的影响过程如图2-3所示。

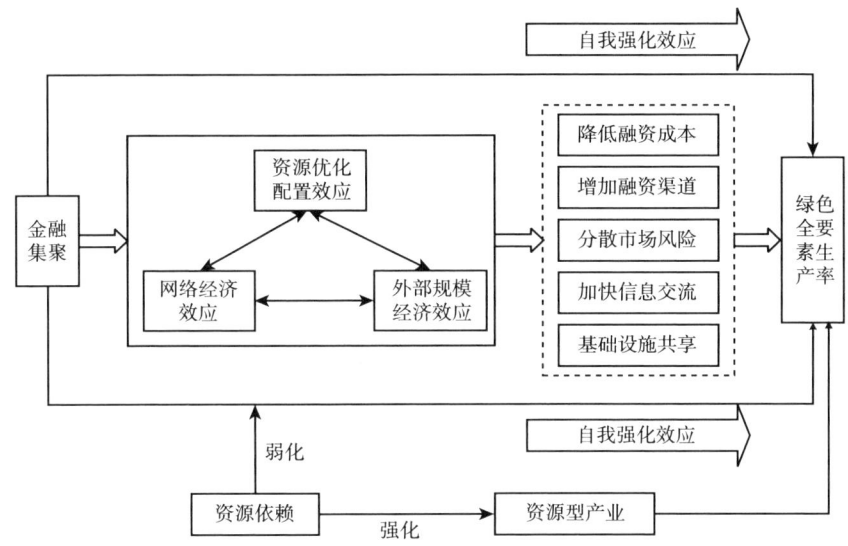

图 2-3 金融集聚影响绿色全要素生产率的作用过程

二、资源依赖视角下金融集聚对绿色全要素生产率产生的门槛效应

在经济发展过程中，区域金融集聚程度并不是一成不变的。在初始阶段，周边邻近地区的金融资源会向中心区域流动，中心区域的金融集聚程度逐渐升高，形成"中心－外围"式结构。随着金融资源的进一步集聚，金融集聚发展到成熟阶段时，金融资源又会由中心区域向周边邻近区域扩散。

在金融集聚的初始阶段，主要发挥的是"极化作用"，中心区域相较于周边邻近区域在发展过程中具有竞争优势，对金融资源更容易产生吸引力，进而使得周边邻近区域大量的金融资源会逐渐向中心区域聚集。一方面，随着金融机构在特定区域的聚集，金融市场规模不断扩大，加速了金融要素的流动，有利于提升金融部门的运行效率，进一步对金融资源产生吸引力。另一方面，大量的金融机构在某一区域汇集，能够及时准确地获取相关信息，更好地实现信息共享，从而降低由于信息不对称导致的金融风险，吸引金融资源聚集。因此，随着金融资源的不断聚集，区域金融中心聚集着大量的金融资源，能够为集聚区域内的企业提供资金支持，从而扩大生产规模，生产规模的扩大又会对金融资源产生需求，进一步提升金融资源的集聚程度，并且在区域金融中心，金融机构能够共享基础设施，降低金融机构的运营成本，集聚区域内产生的知识溢出效应能够提升金融机构的生产效率，不断地吸引金融机构集聚，使得金融集聚程度得以提升。

当金融集聚到成熟阶段时，一方面，发挥的是"涓滴效应"，此时，中心区域的金融体系逐渐完善，可能会出现供给过剩的现象，导致其利润率逐渐下降。为了进一步扩大经营范围，会向周边邻近区域延伸分支机构，引导金融资源逐渐向周边邻近区域扩散。另一方面，金融集聚程度较高将会产生"拥堵效应"，大量的金融资源在某一区域集聚，会产生交通、人口拥堵，导致成本上升，并且会加剧企业之间的竞争，产生资源抢夺效应。随着金融集聚程度的提升，会吸引更多的企业集聚，当企业集聚达到一定规模时，可能会超出当地经济的承载负荷，企业为了竞争有限的资源而产生恶性竞争，从而影响企业的正常运转（林伯强等，2019）。同时，集聚区域内企业数量越来越多时，会产生交通拥堵、空间限制等一系列问题，使企业的运营成本上升，降低生产效率。此时，金融资源就开始向周边邻近区域逐渐扩散。因此，当金融集聚发展到成熟阶段以后，中心区域的金融集聚程度逐渐降低，而周边邻近区域的金融集聚程度逐渐提高，旧的集聚中心逐渐消失，新的集聚中心逐渐形成。

一般而言，在金融集聚发展的初期，金融资源的集聚能够缓解创新主体在从事创新活动过程中面临的融资约束，促进生产要素的高效流动和配置，从而促进绿色全要素生产率的提升。当金融集聚发展到成熟阶段时，会导致区域内的交易成本上升，产生过度竞争问题，要素的边际报酬呈现递减的特征，不利于实现绿色全要素生产率的提升。金融集聚对绿色全要素生产率的正向影响效应和负向影响效应随着金融集聚的变化不断进行着动态博弈，使得金融集聚对绿色全要素生产率的影响并非稳定不变的。但是当进一步考虑资源型城市时，对于资源型城市来说，当金融集聚规模较低时，金融集聚有利于促进金融产业组织升级，不仅能够为区域内的制造业企业提供长期稳定的资金来源，而且还能够准确识别最有发展潜力的投资项目，从而促进资源型城市中绿色项目、创新技术的发展，能够对绿色全要素生产率产生正向影响。当金融集聚规模逐渐扩大时，在资源型城市中，金融资源集聚也会加剧以银行为主体的金融市场的过度竞争，从而促使各个银行加强对自身风险的管理，削弱了各银行机构向高风险的绿色项目、创新项目配置资金的意愿。同时，金融集聚导致的过度竞争将会引诱金融机构把大量的资金优先向资源型产业配置，以满足资源型产业规模扩张的资金需求，进一步加剧了绿色项目和创新项目与金融资本之间的错配效应，从而抑制绿色全要素生产率的提升。

三、资源依赖视角下金融集聚对绿色全要素生产率的影响渠道

金融集聚对绿色全要素生产率的影响渠道主要体现在金融集聚发挥的创新效应、劳动力市场效应以及产业结构效应。一般而言，金融集聚有利于促进企业从事技术创新活动来改善企业的生产技术，金融集聚有助于吸引高端劳动力集聚以推动劳动力市场高级化，金融集聚有助于促进生产要素流动、提升资源配置效率进而推动产业向更高的价值链攀升。但是当区分资源型城市和非资源型城市时，在资源型城市中，资源的过度依赖会对创新技术产生"挤出效应"，不利于实现区域创新能力的提升，资源的过度依赖会对高素质人力资本产生"挤出效应"，不利于实现劳动力市场结构高级化，资源的过度依赖会使区域内形成单一僵化的产业结构，不利于产业结构的优化升级。

（一）金融集聚—技术创新—绿色全要素生产率

一般而言，金融集聚通过发挥创新效应进而提升绿色全要素生产率。

首先，金融集聚能够为企业提供投融资便利。其次，金融集聚能够促进先进的技术和知识在区域内产生溢出效应。最后，金融集聚通过促进企业间的交流合作，实现产业间的融合互动。这一系列影响均会促进企业从事技术创新活动。

首先，金融集聚能够为集聚区域内的企业提供投融资便利（Claessens等，2003）。一方面，企业可以节约周转资金，降低外部融资成本，使企业有更多的资金去从事技术创新活动，从而促进技术创新能力的提升。另一方面，由于创新活动具有转化周期较长、风险较高、前期投资较多等特征（Holmstrom，1989），企业从事技术创新活动的积极性不高，金融集聚为企业提供的投融资便利，有助于与企业形成长期稳定的合作关系，为企业提供长期稳定的资金来源，能够缓解企业在从事创新活动时面临的融资约束问题。同时，还能加快创新成果的转化，降低企业在从事创新活动时面临的风险，从而促进企业开展技术创新活动，提升城市整体的创新能力。

其次，金融集聚能够产生知识溢出效应。随着金融集聚规模的扩大，一方面，金融集聚区域会对那些知识密集型的产业产生吸引力，这些产业通常具有生产效率较高、对环境污染较低的特点，随着知识密集型产业规模的扩大，能够促使先进的低碳节能技术在集聚区域内进行广泛传播，区域内的各个产业通过"干中学"机制将显性知识本地化，从而带动区域内企业技术创新能力的提升。另一方面，金融集聚有利于促进信息高效流动，缓解信息不对称问题，提升信息传播效率，但是远距离的传播将会使隐性知识出现"失真"现象，而金融集聚为隐性知识的溢出效应创造了条件，能够促进隐性知识在区域内的传播，有助于促进技术创新能力的提升。

最后，金融集聚能够促进金融行业与其他相关行业进行交流合作，逐渐形成完善的网络系统，一方面，在这个网络系统内能够促使企业相互之间学习，一旦某个企业由于使用某项先进的生产技术而占据较大的市场份额，获取较高的利润，会更加激发企业之间相互学习的动力，通过相互之间的学习，不断创新，提升生产技术水平，生产出具有市场竞争力的产品，最终使区域整体的创新能力得以提升。另一方面，金融集聚能够促进知识和技术在产业之间的快速流动和传播，先进的低碳节能创新技术很快在产业间得到传播，有助于在产业间搭建良好的创新平台，在区域内营造良好的创新氛围，带动区域整体创新能力的提升。

综上所述，一般而言，金融集聚能够促进区域创新能力的提升。进一步，一方面，区域创新能力的提升能够促进区域内各企业改进原来落后的生产技术水平，在生产经营中减少污染物的排放。另一方面，区域创新能力的提升能够促进企业改进污染物的处理技术，尽可能降低污染物对环境造成的负面影响，从而实现企业从生产到治污全过程的"绿色化"，最终推动绿色全要素生产率的提升。

但是，当区分资源型城市和非资源型城市时，在资源型城市中，一方面，企业通过从事资源开采工作就能够在短时间内获取较高的收益，而资源开采工作通常都是简单重复的，一般不涉及实质性的创新技术，这就在一定程度上削弱了企业从事技术创新的动力，不利于改进落后的生产技术，无法提升生产效率，同时还会对环境造成严重的污染，阻碍绿色全要素生产率的提升。另一方面，资源型产业的收益相对较高，由于资金都具有逐利性（Papyrakis 等，2007），大部分资金会流入资源型产业，使技术研发部门面临严重的融资约束问题。金融集聚虽然在一定程度上可以促进技术创新能力的提升，但同时金融集聚也会使更多的资金流入资源开发部门，进一步加剧对绿色全要素生产率的负面影响。具体的影响过程如图 2-4 所示。

（二）金融集聚—劳动力市场高级化—绿色全要素生产率

一般而言，金融集聚通过发挥劳动力市场效应进而提升绿色全要素生产率。一方面，金融集聚区域容易对高端技术人才产生吸引力，形成高端人才劳动力池，进而提升劳动力市场层次。另一方面，金融集聚能够加快人才流动，实现高端人才整合，促进劳动力市场高级化。

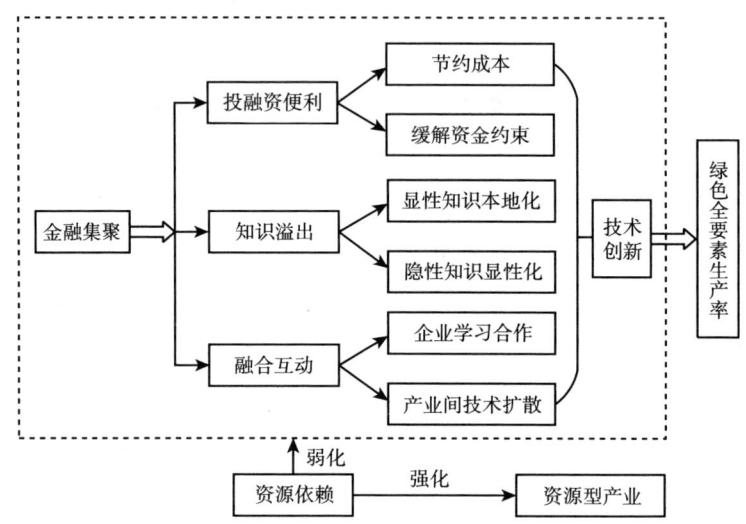

图 2-4 金融集聚—技术创新—绿色全要素生产率

一方面，金融集聚区域能够为企业提供充裕的资金，企业将有更多的资金进行生产并逐渐扩大生产规模，这就使企业对劳动力产生巨大需求（申广军等，2017），将会吸引大量的劳动力集聚，并且随着集聚区域内企业之间的竞争加剧，企业将会提高对高技术劳动力的需求，吸引高端技术人才，形成高端人才劳动力池。另外，金融集聚有利于营造良好的经济氛围，劳动力技能溢价较高，能够对高端人才产生吸引力，使得具有较高技能的劳动力占总体就业人数的比重逐渐上升，在工资水平的作用下，低端劳动力将逐渐被挤出市场，推动劳动力市场结构得以提升。

另一方面，金融集聚能够促进人才高效流动，进而使人力资本配置优化，有利于提高企业和劳动力的匹配度，使具有较高劳动技能的从业人员获取相对较高的工资，在高工资的激励下，进一步吸引更高技能的劳动力，实现劳动力市场高级化。

综上所述，一般而言，金融集聚能够促进劳动力市场高级化。进一步，劳动力市场的高级化一方面有利于提升区域内的生产效率，不仅能够为企业创造更多的经济效益，还能够在生产过程中最大限度地控制污染物的排放。而且当区域内生产效率不断提升时，将会配置更高效率的人才，进一步促进生产效益的提升和环境质量的优化。另一方面，劳动力市场高级化有利于带动区域内生产技术的提升，当企业需要引进先进的生产设备来改进生产技术工艺时，高端劳动力对新知识和新技术的吸收能力较强，能够更好地应用新技术，进而实现生产效率的提升（Acemoglu，2003；刘智勇等，2018），促进区域内绿色全要素生产率的提升。

但是，当区分资源型城市和非资源型城市时，在资源型城市中，从事资源开采活动能够在短期内获取较高的收益，对学历并没有较高的要求，企业家缺乏接受较高层次教育的动机（董晓林等，2021），并且高素质劳动力并不能获取额外的收益，资源型城市对较高层次的劳动力不具有吸引力，不利于实现劳动力市场高级化。区域内劳动力素质较低不利于实现生产效率提升，更不利于实现节能减排，不利于促进绿色全要素生产率的提升。金融资源集聚虽然在一定程度上可以吸引高素质劳动力集聚，促进劳动力市场高级化，但由于在资源型城市中，金融业发育不充分，金融集聚程度较低，金融集聚对劳动力市场的正向促进作用不足以改变资源型城市中劳动力素质较低的整体局面，不足以带动绿色全要素生产率的提升。具体的影响过程如图 2-5 所示。

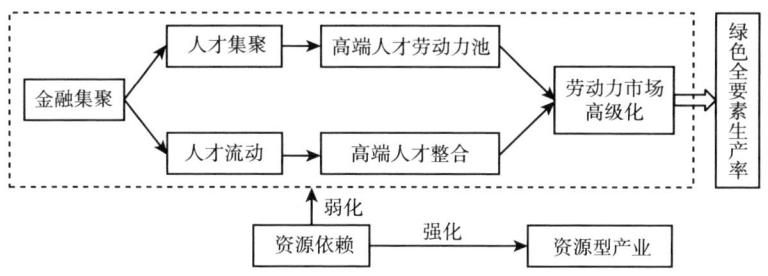

图 2-5　金融集聚—劳动力市场高级化—绿色全要素生产率

（三）金融集聚—产业结构高级化—绿色全要素生产率

一般而言，金融集聚通过发挥产业结构效应进而推动绿色全要素生产率上升。金融集聚有利于促进生产要素的高效流动，降低企业的相关成本。金融集聚有利于促进生产要素配置效率提升，改变生产要素的流向。金融集聚能够分散企业面临的风险，支持高端产业发展。

首先，金融集聚能够促进生产要素的高效流动，实现产业间的互动交流，形成完善的网络系统。在网络系统中，能够降低企业对劳动力的搜寻和招聘成本，能够降低企业使用资金的外部融资成本，进而降低企业的股权交易成本，在一定程度上打消企业在从事较高回报率的长期投资项目时的顾虑，激励企业从事较高回报率的项目，促进产业结构升级。

其次，在金融集聚区域内，金融机构能够以较低的成本获取信息，形成一个高效畅通的信息渠道，及时掌握投资者的相关信息。同时，金融集聚能够深化金融机构的专业化分工，有助于金融中介快速高效地对投资者的相关信息进行整合处理，筛选出生产效率较高、对环境污染较低的投资项目，引导资金流向生产效率较高、对环境污染较低的投资项目，提升资金的配置效率。随着资金的流向，其他生产要素，比如人才、技术、知识等也会在产业间发生转移，促进生产要素在产业间实现合理配置，改善资源配置效率，支持发展潜力较好、生产效率较高、环境友好的投资项目，实现产业结构升级。

最后，在金融集聚区域内，金融机构识别风险的能力不断增强，能够精准识别投资项目的风险，引导资本流向具有增长潜力的投资项目。同时，在金融集聚区域内，金融机构之间的竞争比较激烈，促使各金融机构不断地推出具有市场竞争力的金融产品，能够为企业提供多种融资渠道，提高资本的流动性，分散资金的流动性风险（曲昳，2022），优先支持知识密集型的产业发展，带动产业结构优化升级。

综上所述，一般而言，金融集聚能够促进产业结构高级化。产业结构高级化意味着效率较高、环境污染较低的产业规模逐渐扩大，生产效率进一步提升，污染物排放进一步减少，而落后、生产效率较低、对环境质量危害较高的产业将逐渐被市场淘汰，在一定程度上有助于促进绿色全要素生产率提升。

但是，当区分资源型城市和非资源型城市时，在资源型城市中，以发展资源型产业为主，长期以来形成单一固化的产业结构，不利于其他产业的发展，并且资源型产业生产效率较低，对环境的污染较为严重，不利于发挥产业结构升级优化对生产效率以及环境质量的促进作用。金融资源集聚虽然在一定程度上可以优化资源配置效率，引导生产要素向绿色、节能、低碳的投资项目流动，但由于在资源型城市中，一方面，资源型产业对金融业的发展存在一定的抑制作用，使得金融集聚规模较低，无法充分发挥对绿色全要素生产率的促进作用。另一方面，由于长期以来经济发展对资源型产业的依赖，金融集聚无法在短期内实现全面产业结构优化转型，进而无法促进绿色全要素生产率的提升。具体的影响过程如图2-6所示。

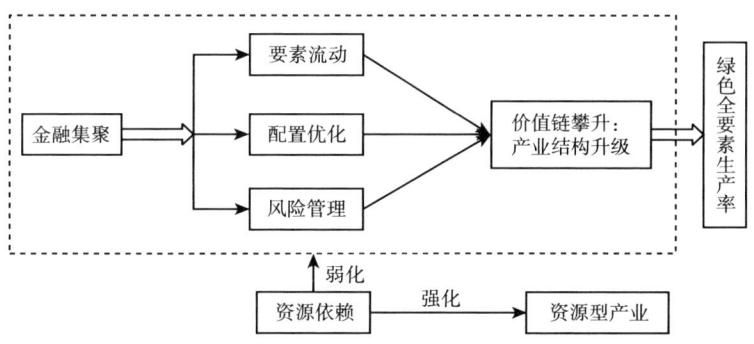

图2-6 金融集聚—产业结构高级化—绿色全要素生产率

四、资源依赖视角下金融集聚对绿色全要素生产率产生的空间溢出效应

金融业的发展在空间维度上呈现集聚的特点：首先，金融集聚不仅可以对本地的绿色全要素生产率产生影响，还可以形成中心对外围的推力，对周边邻近地区的绿色全要素生产率产生影响。其次，金融集聚是一个自我强化的积累过程，集聚程度不断提高，进一步形成区域金融中心，在网

络效益的作用下，区域间的往来业务和技术合作越来越多，对周边地区的溢出效应更加显著（刘军等，2007）。最后，金融集聚对绿色全要素生产率的影响可能还会受到所在区域资源依赖程度的影响，非资源型地区相对于资源型地区来说，拥有更加完善的制度环境，更容易对周边邻近地区的绿色全要素生产率产生影响。

（一）金融集聚可以促进周边邻近地区绿色全要素生产率的提升，并且非资源型地区的金融集聚更易于促进周边邻近地区绿色全要素生产率的提升

首先，金融集聚区域相比外围地区来说，拥有更加完善的金融体系、较高素质的劳动力以及生产技术，并且由于资源型地区重点发展资源型产业，使其对金融业、高素质劳动力以及生产技术均会产生一定的"挤出效应"，因此，非资源型地区相比资源型地区来说，金融业更加发达、劳动力的受教育层次更高、技术创新能力更强。金融集聚可以发挥服务溢出效应，有助于人才、资金、技术在区域间的传播和流动，从而提升周边邻近地区的绿色全要素生产率。第一，当金融集聚区域内的资金向外围地区流动时，能够缓解周边邻近地区的融资约束，为企业从事创新活动、实现产业结构优化升级提供资金支持。而资源型城市会抑制金融业的发展，使资源型城市的金融集聚程度整体偏低。因此，非资源型城市相比于资源型城市来说，更易于促进资金向周边邻近地区流动，从而为周边邻近地区的创新发展、产业结构优化升级提供所需资金。第二，当金融集聚区域内的人才向外围地区流动时，高素质的劳动力能够更快更好地研发并应用绿色生产技术，减少企业生产运营中产生的污染物，并且提升治理污染物的技术水平。而资源型城市重点支持资源型产业的发展，资源型产业主要从事简单的采掘、粗加工等工作，对于劳动力的受教育水平要求较低，并且高层次劳动力无法获取超额报酬，使得资源型城市劳动力的受教育层次整体偏低。因此，非资源型城市相比于资源型城市来说，更易于促进高素质劳动力向周边邻近地区流动，从而为提升周边邻近地区的绿色创新生产技术以及污染治理技术提供所需人才。第三，当金融集聚区域内的技术向外围地区扩散时，能够提升周边邻近地区的创新水平，促进生产效率的提升。而资源型城市以发展资源型产业为主，资源型城市的生产技术能力整体偏低。因此，非资源型城市相比于资源型城市来说，更易于促进先进的生产技术向周边邻近地区流动，从而促进周边邻近地区改进落后的生产技术、减少废弃物的排放。

其次，金融集聚可以发挥创新激励效应，加速知识向外围地区传播，从而提升周边邻近地区的绿色全要素生产率。金融集聚区域内的竞争程度要远远高于外围地区，面临的淘汰机制也要更加严苛，企业为了防止被市场淘汰，必须要不断提升自身的创新能力以保持一定的竞争力，这将在一定程度上刺激集聚区域内企业的创新水平不断提升，因此，金融集聚区域内的技术创新能力要高于外围区域。而资源型地区的技术创新能力整体偏低，并且非资源型地区相比资源型地区来说，金融集聚区域内具备完善的交通设施和网络系统，加速了知识和信息向外围地区的传播，外围地区将会学习并模仿金融集聚区域内的生产技术，实现生产效率的提升以及环境质量的优化。

（二）金融资源在一个区域集聚时，"虹吸效应"便会显现

"虹吸效应"在一定程度上将会抢占周边邻近城市的金融资源（张鹏等，2019），使区域间的资源配置失衡，将会对周边邻近城市的绿色全要素生产率产生不利影响，并且非资源型地区更易于对周边邻近地区的绿色全要素生产率产生"虹吸效应"。通常来说，当资金、人才、技术等生产要素向一个或多个城市集聚时，就会导致周边邻近地区的生产要素明显减少。第一，金融集聚区域对资金具有"虹吸效应"，周边邻近区域的资金均流向集聚区域，此时，周边邻近区域将面临严重的融资约束，而生产技术创新能力的提升和产业结构优化升级均需要一定的资金支持，资金短缺将会降低企业家从事创新活动的热情，对区域创新能力的提升产生不利影响。同时，资金短缺还会抑制新兴产业的发展，无法实现产业结构优化升级。而对于资源型城市来说，金融集聚程度相对较低，并且资源型产业的发展会对创新要素产生"挤出效应"，也不利于其他产业的发展，这就使得资源型城市对周边邻近地区资金的"虹吸效应"相对较弱。非资源型城市的金融集聚更易于对周边邻近地区的资金产生吸附作用，进而不利于周边邻近地区绿色全要素生产率的提升。第二，金融集聚区域对高素质劳动力具有"虹吸效应"，周边邻近区域的高端劳动力均流向集聚区域，此时周边邻近区域将面临严重的人才短缺，而生产技术创新能力的提升和产业结构优化升级均需要一定的人力支持，人才短缺不利于生产技术的研发，无法提升生产技术水平，对生产效率产生不利影响。同时人才短缺不利于对生产过程中排放的废弃物进行治理，从而对环境质量产生不利影响。而对于资源型城市来说，金融集聚程度相对较低，产业结构相对单一，技术创新能力较弱，对周边邻近地区的高素质劳动力产生的吸附作用较小。因此，相比较而言，非资源型城市的金融集聚程度较高，制造业更加发达，技术创新能力更强，对周边邻近地区的高素质劳动力更易于产生"虹吸效应"，更加不利于周边邻近地区提升绿色全要素生产率。

本章小结

本章首先对资源依赖、金融集聚以及绿色全要素生产率进行了概念界定和指标测度。其次，对资源依赖视角下金融集聚对绿色全要素生产率影响的相关理论进行了回顾。最后，对资源依赖视角下金融集聚影响绿色全要素生产率的机理进行了分析。

关于概念界定与指标测度。第一，关于资源依赖的概念界定，资源禀赋较高地区所产生的资源依赖是指资源禀赋较高的地区通常倾向于发展资源型产业，资源依赖体现为资源型产业对于整个经济发展的重要性。关于资源依赖的指标测度，主要是采用初级产品部门的产值占比、采掘业的固定资产投资占比、采掘业总产值占比等指标对资源依赖进行测度。第二，关于金融集聚的概念界定，从静态的角度对金融集聚进行解释，是指金融体系在地理空间上有序演变的一种结果或状态，并最终在某个区域内达到一定的规模；从动态的角度对金融集聚进行解释，是指金融资源与地理空间不断协调演化的一种发展进程，在这个过程中金融产品、金融机构等不断发展变化，最终在某个区域内集聚一定规模的金融资源。关于金融集聚的指标测度，现有的测度方式主要有单一指标测度和综合评价指标测度两种方式，其中，单一指标测度方法包括区位熵、赫芬达尔指数、空间基尼系数和金融活动地理密度等。综合评价指标测度方法是通过多个反映金融产业发展程度的指标来综合计算金融集聚。第三，关于绿色全要素生产率的概念界定，传统的全要素生产率是指除了劳动、资本等投入以外，由看不见的技术进步和技术效率带来的提升，绿色全要素生产率就是在传统全要素生产率的基础上进一步考虑资源约束和环境污染问题。关于绿色全要素生产率的指标测度，现有的测度方法主要有随机前沿生产函数法（SFA）以及数据包络分析法（DEA）。

  关于理论回顾与机理分析。本书回顾了资源依赖视角下金融集聚对绿色全要素生产率影响的相关理论，并以此为基础分析了资源依赖视角下金融集聚对绿色全要素生产率的影响机理。第一，通过分析资源依赖视角下金融集聚影响绿色全要素生产率的一般机理可以发现，一般而言，金融集聚有利于促进绿色全要素生产率的提升。但是当区分资源型城市和非资源型城市时，在资源型城市中，金融集聚将会抑制绿色全要素生产率的提升。第二，通过分析资源依赖视角下金融集聚对绿色全要素生产率产生的门槛效应可以发现，金融集聚在整个经济发展过程中，始终是动态变化的，这就使资源依赖视角下金融集聚对绿色全要素生产率的影响呈现出非线性的特征。第三，通过分析资源依赖视角下金融集聚对绿色全要素生产率的影响渠道可以发现，一般而言，金融集聚主要是通过促进技术创新能力提升、劳动力市场高级化以及产业结构优化升级，进而促进绿色全要素生产率的提升。但是当区分资源型城市和非资源型城市时，在资源型城市中，由于资源型地区重点发展资源型产业，从而对创新技术、高素质劳动力、其他制造业产生"挤出效应",并且考虑到资本具有逐利性,资源型地区的金融集聚会使一部分资金流向资源型产业,从而使绿色全要素生产率下降。第四,通过分析资源依赖视角下金融集聚对绿色全要素生产率产生的空间溢出效应可以发现,一方面,金融集聚会对周边邻近地区的绿色全要素生产率产生正向的空间溢出效应;另一方面,也会对周边邻近地区产生负向的空间溢出效应。并且相对于资源型城市来说,非资源型城市更易于对周边邻近地区产生空间溢出效应。

第三章

资源依赖视角下金融集聚与绿色全要素生产率的指标测度与特征事实

第三章　资源依赖视角下金融集聚与绿色全要素生产率的指标测度与特征事实

本书研究的重点是分别从理论和实证层面揭示资源依赖视角下金融集聚对绿色全要素生产率的影响效应及影响机理，第二章已经从理论层面上分析了资源依赖视角下金融集聚对绿色全要素生产率的影响效应及影响机理，而要从实证层面验证资源依赖视角下金融集聚对绿色全要素生产率的影响效应及影响机理，首先要对样本总体、资源型城市和非资源型城市的金融集聚与绿色全要素生产率进行测度，在此基础上对其特征事实加以分析。本章内容主要是对样本总体、资源型城市和非资源型城市的资源依赖、金融集聚与绿色全要素生产率进行指标测度与特征事实分析，一方面能够对我国样本总体、资源型城市和非资源型城市的资源依赖、金融集聚与绿色全要素生产率进行初步了解，另一方面也是为后文的实证检验做铺垫。

第一节　资源依赖的指标测度与经验事实

一、资源依赖的指标测度

目前关于资源依赖的测度方式主要有：初级产品部门的产值占所在地区 GDP 的比重、采掘业固定资产投资占固定资产投资总额的比重、采掘业总产值占工业总产值的比重、采掘业从业人数占总从业人数的比重等。

本书选取 2007—2019 年我国 258 个地级市作为研究样本，并且将这 258 个地级市划分为 105 个资源型城市和 153 个非资源型城市。其中，105 个资源型城市来源于国务院在 2013 年发布的《全国资源型城市可持续发展规划（2013—2020 年）》（以下简称《规划》）名单中划定的资源型城市，153 个非资源型城市是除了《规划》名单之外的其他地级市。基于数据的可得性，本书参考裴耀琳等（2021）的做法，采用各城市采矿业从业人数占总从业人数的比重来表示各城市的资源依赖程度。《规划》将资源型城市定义为以本地区矿产、森林等自然资源开采和加工为主导产业的城市。为了更准确地测度资源型城市的资源依赖程度,本书选取的资源型城市仅包含以矿产资源开采和加工为主导产业的城市,不包括森工类资源型城市(吉林市、白山市、黑河市、伊春市、牡丹江市、丽江市),也不包括自贡市(以盐为主要资源)和景德镇市(以陶瓷为主要资源)这两个特殊的资源型城市。

二、资源依赖的经验事实

根据上述资源依赖程度的计算方式,测算样本研究期间 105 个资源型城市和 153 个非资源型城市的资源依赖程度,进一步计算得到样本研究期间 258 个地级市资源依赖的年平均值以及 105 个资源型城市和 153 个非资源型城市样本研究期间资源依赖的年平均值,测算结果如表 3-1 所示。

表 3-1　　　　　　　　样本城市年均资源依赖程度

年份	总体	资源型城市	非资源型城市
2007	0.064	0.121	0.017
2008	0.066	0.125	0.018
2009	0.066	0.126	0.018
2010	0.067	0.126	0.018
2011	0.068	0.129	0.018
2012	0.066	0.125	0.017
2013	0.060	0.115	0.014
2014	0.055	0.107	0.012
2015	0.051	0.098	0.011
2016	0.048	0.093	0.010
2017	0.045	0.088	0.009
2018	0.044	0.086	0.009
2019	0.039	0.076	0.008

根据表 3-1 的计算结果,从样本总体来看,2007—2011 年年均资源依赖程度逐渐上升,2012—2019 年年均资源依赖程度逐渐下降,并且资源

依赖程度在 2019 年达到样本研究期间内的最低值。进一步将样本总体划分为资源型城市和非资源型城市时发现,资源型城市的资源依赖程度要明显高于非资源型城市,非资源型城市的资源依赖程度基本接近于 0,并且资源型城市的年均资源依赖程度呈现先上升后下降的趋势,非资源型城市的年均资源依赖程度呈现逐年下降的趋势。究其原因在于,随着资源转型的逐步推进,资源依赖型城市对于自然资源的依赖程度逐渐下降。

为了更加直观地分析样本总体以及资源型城市和非资源型城市的资源依赖在样本研究期间的变动趋势,进一步用折线图来表示,如图 3-1 所示。从样本总体层面来看,在样本研究期间,资源依赖程度从 2012 年开始逐年下降。进一步,将总样本划分为资源型城市和非资源型城市时发现,资源型城市的资源依赖程度要远远高于非资源型城市,并且资源型城市的资源依赖程度从 2012 年开始出现大幅下降。

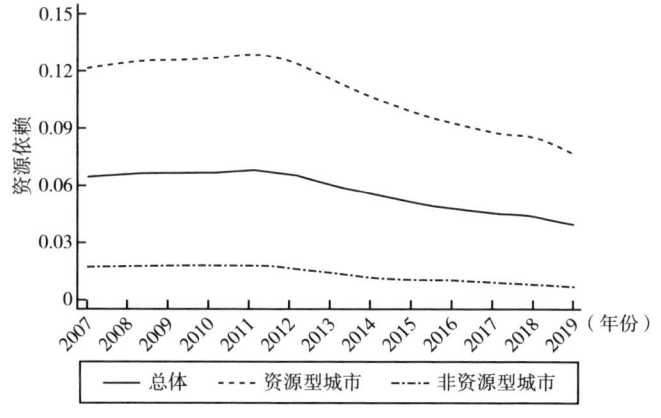

图 3-1　样本城市年均资源依赖程度的变动趋势

我国的资源型城市普遍面临着资源储量不足的问题。国务院 2013 年发布的《规划》,首次界定了 262 个资源型城市,其中包括 31 个成长型资源型城市、141 个成熟型资源型城市、67 个衰退型资源型城市和 23 个再生型资源型城市,可以看出,在资源型城市中,成熟型资源型城市和衰退型资源型城市占绝大多数,这些城市在一定程度上均面临着资源枯竭的威胁。如果不进行转型发展的话，将会造成矿竭城衰的局面。资源型城市最明显的特点就是资源型产业"一业独大"，主要从事资源开采和粗加工工作，第二产业在经济结构中所占的比例较高，表现出逆向的"高工业化"的假象，其他产业的发展明显滞后，导致产业结构单一僵化，不利于城市的可持续发展。样本研究期间第二产业占 GDP 比重的平均值排名前 10 的城市如表 3 – 2 所示，可以看出，除了嘉峪关市之外，其余 9 个城市均属于资源型城市，在一定程度上反映了资源型城市经济发展对于资源型产业的依赖程度较高。

表 3 – 2   2007—2019 年第二产业占 GDP 的比重平均值排名前 10 的城市

城市	2007 年	2008 年	2009 年	2010 年	2011 年	2012 年	2013 年	2014 年	2015 年	2016 年	2017 年	2018 年	2019 年	平均值
克拉玛依市	0.896	0.910	0.867	0.898	0.893	0.880	0.770	0.755	0.652	0.696	0.703	0.729	0.670	0.794
大庆市	0.850	0.851	0.787	0.822	0.821	0.809	0.794	0.755	0.649	0.561	0.621	0.540	0.526	0.722
攀枝花市	0.713	0.733	0.708	0.738	0.755	0.759	0.746	0.732	0.715	0.705	0.651	0.623	0.545	0.702
金昌市	0.844	0.810	0.799	0.793	0.784	0.758	0.727	0.662	0.582	0.501	0.614	0.545	0.647	0.697
嘉峪关市	0.816	0.821	0.789	0.802	0.819	0.818	0.745	0.698	0.571	0.393	0.502	0.611	0.630	0.693
东营市	0.762	0.765	0.739	0.726	0.716	0.709	0.695	0.666	0.646	0.622	0.633	0.622	0.575	0.683
榆林市	0.747	0.787	0.661	0.686	0.711	0.722	0.698	0.673	0.625	0.606	0.589	0.628	0.651	0.676
延安市	0.811	0.807	0.708	0.718	0.732	0.736	0.722	0.699	0.620	0.530	0.432	0.594	0.601	0.670
鹤壁市	0.630	0.658	0.687	0.704	0.707	0.705	0.717	0.674	0.653	0.652	0.613	0.633	0.600	0.664
铜陵市	0.677	0.671	0.679	0.727	0.747	0.734	0.721	0.713	0.618	0.595	0.637	0.583	0.463	0.659

三、资源依赖的事实评价

资源型城市的资源依赖程度要明显高于非资源型城市，非资源型城市的资源依赖程度基本接近于 0，并且随着资源转型的逐步推进，资源型城市的资源依赖程度从 2012 年开始出现大幅下降。

第二节 金融集聚的指标测度与经验事实

一、金融集聚的指标测度

目前关于金融集聚的测度方式主要有两大类：一类是单一指标测度法，主要包括区位熵、空间基尼系数、赫芬达尔指数、金融活动地理密度等方法；另一类是综合评价指标法，使用金融交易规模、金融从业人员、金融机构存贷款余额等多个反映金融业发展程度的指标通过主成分分析法、熵值法等进行合成测度金融集聚程度。本书考虑到区位熵能够从产业专业化的角度测度金融集聚，并且不受空间规模的影响，因此，参考毛其淋等（2022）的做法，采用地级市年末金融机构各项存贷款余额之和与地级市人口总数来衡量地级市层面的金融集聚程度，具体的计算方法见式（3-1）：

$$agg_{i,t} = (FIN_{i,t}/PEO_{i,t})/(FIN_t/PEO_t) \qquad (3-1)$$

其中，i 表示地级市，t 表示年份。$FIN_{i,t}$ 表示城市 i 在第 t 年年末金融机构各项存款和贷款余额之和，FIN_t 表示所有样本城市在第 t 年年末金融机构各项存款和贷款余额之和的总和，$PEO_{i,t}$ 表示城市 i 在第 t 年的人口总数，PEO_t 表示所有样本城市在第 t 年人口总数的总和。$agg_{i,t}$ 表示城市 i 在第 t 年的金融集聚程度，其值越大，表示城市 i 在第 t 年的金融集聚程度越高；反之，金融集聚程度越低。

二、金融集聚的静态特征

基于数据的可得性，本书选取 2007—2019 年我国 258 个地级市作为研究样本，在此基础上，根据《规划》将 258 个城市划分为 105 个资源型城市和 153 个非资源型城市。

根据上述金融集聚的计算公式，测算样本研究期间 258 个地级市的金融集聚程度，进一步计算得到样本研究期间 258 个地级市金融集聚的年平均值以及资源型城市和非资源型城市样本研究期间金融集聚的年平均值，测算结果如表 3-3 所示。

表 3-3　　　　　　　　样本城市年均金融集聚程度

年份	总体	资源型城市	非资源型城市
2007	0.939	0.549	1.227
2008	0.931	0.555	1.209
2009	0.927	0.553	1.203
2010	0.931	0.559	1.206
2011	0.936	0.575	1.204
2012	0.935	0.587	1.192
2013	0.938	0.588	1.197
2014	0.934	0.589	1.189
2015	0.931	0.561	1.204
2016	0.916	0.553	1.185
2017	0.910	0.552	1.174
2018	0.896	0.556	1.148
2019	0.886	0.550	1.133

根据表 3-3 的计算结果，从样本总体来看，2007—2019 年年均金融集聚程度的变化幅度较小，特别是 2007—2014 年的金融集聚程度基本上保持不变，从 2015 年开始，金融集聚程度开始逐年下降，每年的下降幅度相对较小，并且金融集聚程度在 2019 年达到样本研究期间内的最低值。进一步，将样本总体划分为资源型城市和非资源型城市时发现，非资源型城市的金融集聚程度要明显高于资源型城市，并且资源型城市的年均金融集聚程度要低于总体的年均金融集聚程度，而非资源型城市的年均金融集聚程度要高于总体的年均金融集聚程度。究其原因，是在资源型城市中，以发展资源型产业为主，限制其他产业的发展，从而形成单一僵化的产业结构，金融集聚程度较低。

为了更加直观地分析样本总体以及资源型城市和非资源型城市的金融集聚在样本研究期间的变动趋势，进一步用折线图来表示，如图3-2所示。从样本总体层面来看，在样本研究期间，金融集聚值基本上保持在0.90左右，变动幅度不大。进一步，将总样本划分为资源型城市和非资源型城市时发现，非资源型城市的金融集聚程度要远远高于资源型城市，非资源型城市的金融集聚程度在总体上呈现逐渐下降的趋势，具体而言，除了在2015年出现小幅上升以外，其他年份均呈现下降趋势。资源型城市的金融集聚程度呈现先小幅上升再小幅下降的趋势，变化幅度较小。究其原因，是大部分金融资源聚集在非资源型城市中时，随着金融集聚程度的升高，逐渐会产生交通拥堵、生活成本上升等一系列负面影响，此时，金融资源会逐渐向外围地区扩散，旧的集聚中心逐渐消失。而资源型城市中的金融集聚程度变化不是很大，总体上金融集聚程度较低，归根结底还是因为这类型城市的经济发展没有摆脱对自然资源的依赖，限制金融业的发展，使得金融集聚程度整体偏低。

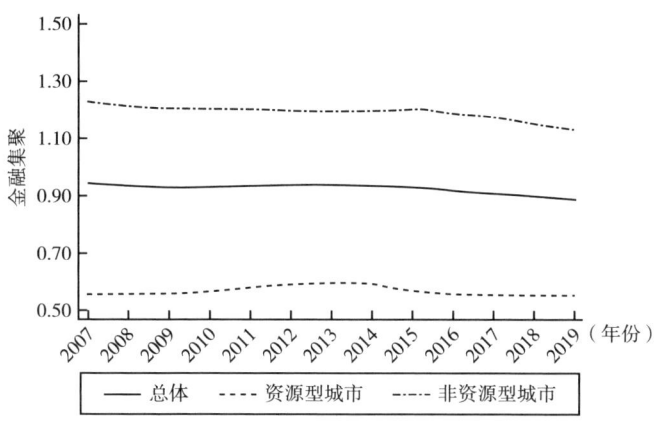

图3-2 样本城市年均金融集聚程度的变动趋势

三、金融集聚的动态特征

为了全面考察样本总体以及资源型城市和非资源型城市金融集聚的动

态演进趋势，通过三维核密度估计的方法来分析样本总体以及资源型城市和非资源型城市金融集聚的分布位置、分布形态、分布延展性和极化趋势。三维核密度估计结果如图3-3所示。

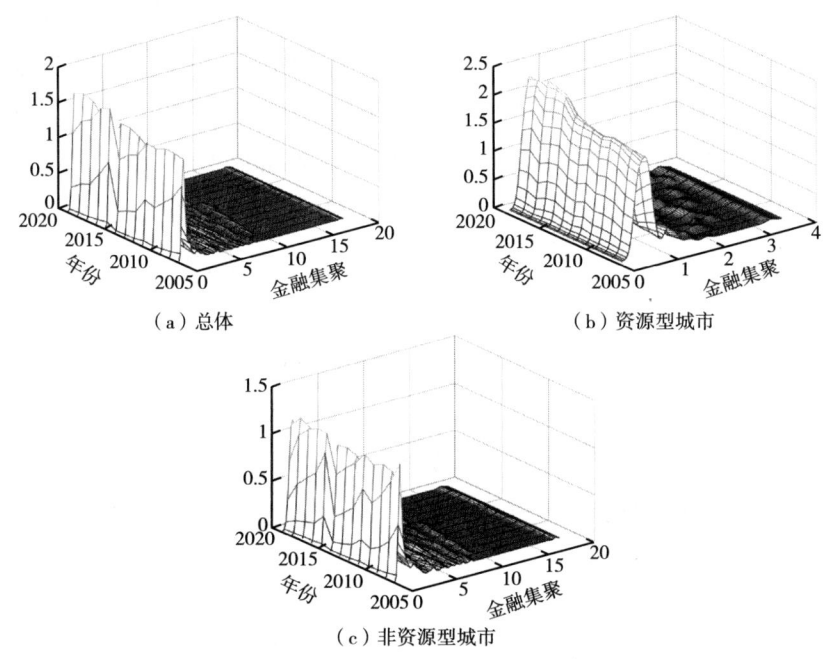

图3-3 样本城市金融集聚的三维核密度曲线

从分布位置来看，样本总体和非资源型城市的主峰总的来看均呈现略微左移的趋势，这说明样本总体和非资源型城市的金融集聚呈下降的趋势，资源型城市的主峰位置总的来看变化不大，这说明资源型城市金融集聚的变动幅度不大。

从分布形态来看，样本总体金融集聚的主峰峰值呈现"上升—下降—上升—下降"的趋势，主峰宽度呈现"缩小—增大—缩小—增大"的特征，这说明样本总体的金融集聚的绝对差异具有缩小的迹象。资源型城市金融集聚的主峰峰值呈现"上升—下降—上升"的趋势，主峰宽度呈现"缩小—增大—缩小"的特征，这说明资源型城市的金融集聚的绝对差异具有增大的迹象。非资源型城市金融集聚的主峰峰值呈现小幅波动的趋势,最终呈现下降趋势,主峰宽度呈现"缩小—增大"不断变化的特征,最终呈现"增大"的特征,这说明非资源型城市的绝对差异最终呈现缩小的迹象。

从分布延展性来看,样本总体、资源型城市、非资源型城市的金融集聚分布曲线均呈现向右拖尾的现象,这是由于我国各地级市内部存在金融集聚较高的城市,导致城市之间的金融资源分布不平衡。样本总体、非资源型城市金融集聚的分布延展性呈"拓宽—收敛"的变化过程,最终出现收敛迹象,这表明各地级市之间较高金融集聚的城市与平均水平逐渐接近。而资源型城市金融集聚的分布延展性呈现拓宽趋势,这说明对于资源型城市来说,较高金融集聚的城市与平均水平之间的差距逐渐加大,存在"优者更优"效应,这是因为部分资源型城市开始走转型发展之路,逐渐摆脱资源依赖,从而拉大与其他城市之间的差距。

从极化趋势来看,样本总体、资源型城市、非资源型城市金融集聚分布曲线的极化趋势不明显,基本上只存在主峰,侧峰不太明显。

四、金融集聚的差异分析和收敛性检验

为了进一步考察样本总体、资源型城市和非资源型城市中金融集聚的差异及其演化趋势,本书使用基尼系数来反映金融集聚在不同类型城市内部的差异、不同类型城市之间的差异以及差异的来源。

首先,关于金融集聚在不同类型城市内部的差异,如图3-4所示。从总体层面来看,基尼系数在2007—2019年呈现"下降—上升—下降"的趋势,具体而言,除了在2015年略微上升以外,其他年份均呈现下降的趋势,基尼系数由2007年的0.556下降到2019年的0.492,这说明各地级市之间金融集聚的差距越来越小,各城市在金融发展方面的独立自主性较弱,区域协同能力较强。进一步,对资源型城市和非资源型城市进行分析时,非资源型城市之间的金融集聚的差距最大,演化趋势呈"N"形,2007—2014年逐步下降,2014—2015年出现小幅上升,2016—2019

年再次下降,最低点出现在 2019 年。各资源型城市之间的金融集聚的差距较小,2007—2010 年逐步上升,2011—2016 年逐步下降,2016—2018 年再次小幅上升,2018—2019 年再次小幅下降,最低点出现在 2016 年,为 0.303,最高点出现在 2010 年,为 0.367。这说明非资源型城市内部各城市之间的金融集聚程度差距较大,而资源型城市内部的各城市相对比较均衡。

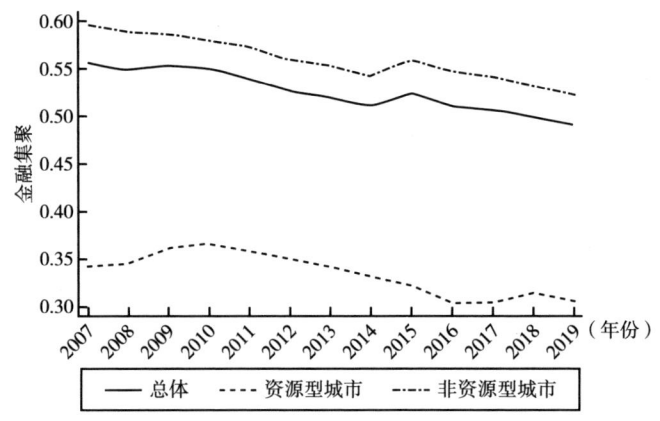

图 3-4 样本城市金融集聚基尼系数的演化规律

其次,关于金融集聚在资源型城市与非资源型城市之间的差异,通过计算金融集聚在资源型城市与非资源型城市之间的组间差异,进一步计算金融集聚差异在 2007—2019 年的均值,可以发现,在样本研究期间,均值差为 0.539,这也再次验证了非资源型城市金融集聚较高的结论。

最后,将基尼系数进一步分解,得到不同城市金融集聚差异的来源,差异来源分别是组内差距、组间差距和超变密度,各自占总差异的百分比如图 3-5 所示。可以看出,组内差距、组间差距和超变密度的占比均相对平稳,波动幅度较小。组内差距占比最为平稳,最小为 51.95%,最大为 52.92%。组间差距占比呈现波动变化的趋势,2012 年最小,为 30.08%,2016 年最大,为 33.06%。超变密度占比呈现波动变化的趋势,2016 年最小,为 14.65%,2012 年最大,为 17.52%。

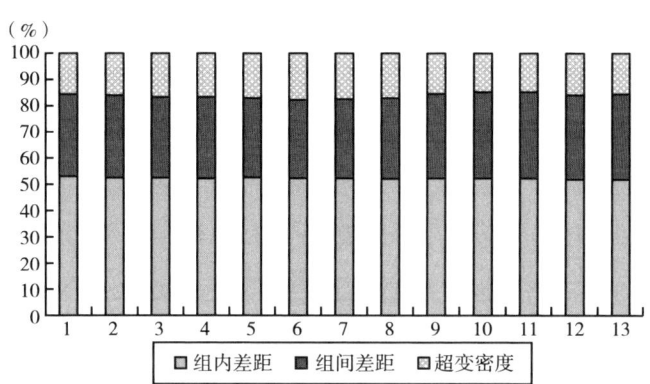

图 3-5 样本城市金融集聚的差异来源

由上述分析可知，我国各地级市之间的金融集聚存在较大的差距，那么这种差距是否会随着时间的推移而逐渐收敛呢？本书主要采用 σ 收敛方法、绝对 β 收敛方法和条件 β 收敛方法来检验样本总体的金融集聚以及资源型城市和非资源型城市的金融集聚是否存在收敛性。

首先，进行 σ 收敛检验，σ 收敛是指各地级市金融集聚的离差随着时间的推移而出现下降的趋势，这说明金融集聚呈现收敛趋势，否则，呈现发散状态。本书使用金融集聚的标准差来衡量金融集聚是否存在 σ 收敛趋势。样本总体以及资源型城市、非资源型城市金融集聚的 σ 收敛检验如图 3-6 所示。可以看出，样本总体以及非资源型城市金融集聚的标准差在样本研究期间呈下降趋势，说明存在收敛趋势，而资源型城市金融集聚的标准差呈现波动状态，不存在收敛趋势。

其次，进行 β 收敛检验，β 收敛是指各地级市的金融集聚之间的差距逐渐缩小，逐渐达到相同的稳态增长速度和增长水平。β 收敛又分为绝对 β 收敛和条件 β 收敛。金融集聚的绝对 β 收敛是指不考虑影响金融集聚的其他因素时，样本城市之间的金融集聚具有收敛趋势。金融集聚的条件 β 收敛是指考虑影响金融集聚的一系列其他因素时，样本城市之间的金融集聚具有收敛趋势。绝对 β 收敛和条件 β 收敛的模型分别见式（3-2）和式（3-3）。

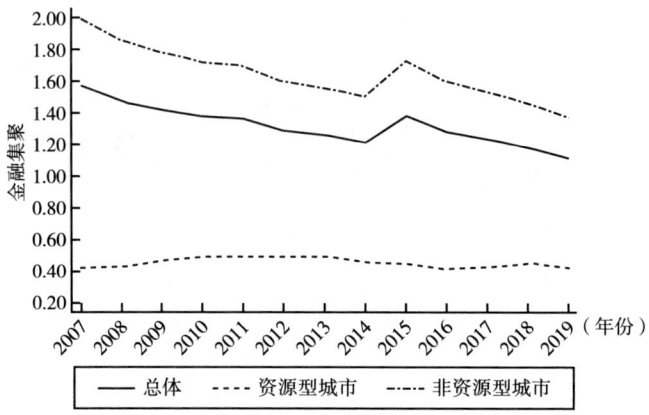

图 3-6 样本城市金融集聚的 σ 收敛状况

$$\ln(agg_{i,t+1}/agg_{i,t}) = \alpha + \beta \times \ln(agg_{i,t}) + \varepsilon_{i,t} \quad (3-2)$$

$$\ln(agg_{i,t+1}/agg_{i,t}) = \alpha + \beta \times \ln(agg_{i,t}) + \rho X_{i,t} + \varepsilon_{i,t} \quad (3-3)$$

其中，$\ln(agg_{i,t+1}/agg_{i,t})$ 表示城市 i 的金融集聚在 $t+1$ 年的增长率，ε 表示随机误差项。当 β 小于 0 时，说明金融集聚存在收敛趋势，反之，存在发散趋势。

绝对 β 收敛和条件 β 收敛的检验结果如表 3-4 和表 3-5 所示。由表 3-4 可知，无论是对于样本总体还是资源型城市和非资源型城市来说，$\ln(agg)$ 的回归系数均显著为正，这说明样本总体以及资源型城市和非资源型城市不存在绝对 β 收敛趋势。由表 3-5 可知，无论是对于样本总体还是资源型城市和非资源型城市来说，$\ln(agg)$ 的回归系数均显著为正，这说明样本总体以及资源型城市和非资源型城市的金融集聚不存在条件 β 收敛趋势。

表 3-4　　　　　样本城市金融集聚的绝对 β 收敛状况

变量	总体	非资源型城市	资源型城市
$\ln(agg)$	0.349 *** (0.013)	0.342 *** (0.016)	0.357 *** (0.020)
常数项	0.194 *** (0.007)	0.137 *** (0.007)	0.273 *** (0.015)

续表

变量	总体	非资源型城市	资源型城市
时间固定效应	YES	YES	YES
个体固定效应	YES	YES	YES
R^2	0.208	0.206	0.212

注：*、**、*** 分别表示在10%、5%和1%的水平下显著；括号内为统计标准误。以下各表同。

表3-5　　　　样本城市金融集聚的条件 β 收敛状况

变量	总体	非资源型城市	资源型城市
ln（agg）	0.376*** （0.013）	0.394*** （0.017）	0.366*** （0.020）
kl	-0.030*** （0.003）	-0.041*** （0.005）	-0.021*** （0.005）
mark	0.003 （0.003）	0.007* （0.004）	0.002 （0.004）
fdi	0.010 （0.008）	0.011 （0.009）	0.009 （0.016）
常数项	0.339*** （0.018）	0.331*** （0.023）	0.370*** （0.027）
时间固定效应	YES	YES	YES
个体固定效应	YES	YES	YES
R^2	0.230	0.240	0.223

五、金融集聚的事实评价

第一，关于金融集聚的静态特征，测算结果表明：从样本总体来看，2007—2019年年均金融集聚程度的变化幅度较小，从2015年开始，金融集聚程度开始逐年下降，每年的下降幅度相对较小，并且非资源型城市的金融集聚程度要明显高于资源型城市。

第二，关于金融集聚的动态演进趋势，测算结果表明：样本总体和非资源型城市的金融集聚呈下降的趋势,资源型城市的主峰位置总的来看变化不大;样本总体和资源型城市金融集聚的绝对差异具有缩小的迹象,资源型城市金融集聚的绝对差异具有增大的迹象;样本总体和非资源型城市中较高金融集聚的城市与平均水平逐渐接近,而资源型城市中较高金融集聚的城市与平均水平之间的差距逐渐加大;样本总体、资源型城市和非资源型城市金融集聚分布曲线的极化趋势不明显。

第三,关于金融集聚的差异来源,测算结果表明:非资源型城市内部各城市之间的金融集聚程度差距较大,而资源型城市内部各城市相对比较均衡,并且其差异来源均是组内差距、组间差距和超变密度。

第四,关于金融集聚的收敛性分析,测算结果表明:样本总体和非资源型城市的金融集聚存在 σ 收敛趋势,而资源型城市的金融集聚不存在 σ 收敛趋势。并且无论是对于样本总体还是资源型城市和非资源型城市来说,其金融集聚均不存在条件 β 收敛和绝对 β 收敛趋势。

第三节 绿色全要素生产率的指标测度与经验事实

一、绿色全要素生产率的指标测度

目前关于绿色全要素生产率的测度方式主要有两大类:一类是随机前沿生产函数法(SFA),另一类是数据包络分析法(DEA)。本书参考赵明亮等(2020)的做法,在数据包络分析法(DEA)的基础上使用包含松弛变量的方向距离函数非期望产出超效率 SBM 模型结合 ML 指数来测算绿色全要素生产率。这种测度方式不仅将能源消耗、环境污染纳入考虑范围之内,并且还将期望产出增长和非期望产出的减少同时纳入考虑范畴。ML 指数的具体计算方法见式(3-4):

$$ML(x^t, y^t, x^{t+1}, y^{t+1})$$

$$= \left[\frac{D_i^t(x^{t+1}, y^{t+1})}{D_i^t(x^t, y^t)} \times \frac{D_i^{t+1}(x^{t+1}, y^{t+1})}{D_i^{t+1}(x^t, y^t)}\right]^{\frac{1}{2}} \quad (3-4)$$

$$= \frac{D_i^{t+1}(x^{t+1}, y^{t+1})}{D_i^t(x^t, y^t)} \times \left[\frac{D_i^t(x^{t+1}, y^{t+1})}{D_i^{t+1}(x^{t+1}, y^{t+1})} \times \frac{D_i^t(x^t, y^t)}{D_i^{t+1}(x^t, y^t)}\right]^{\frac{1}{2}}$$

$$= GEC \times GTC$$

其中，x^t、y^t 分别为第 t 年的投入、产出，x^{t+1}、y^{t+1} 分别为第 $(t+1)$ 年的投入、产出。ML 指数可以表示为 GEC 和 GTC 的乘积，GEC 和 GTC 分别表示绿色技术效率和绿色技术进步。并且，$ML_t^{t+1} = GEC_t^{t+1} \times GTC_t^{t+1}$，$ML_t^{t+1}$ 反映的是绿色全要素生产率（$GTFP$）在 t 到 $(t+1)$ 期的变动率，因此，绿色全要素生产率是一个环比增长率，此处将样本研究期间基期（2007 年）的 $GTFP$ 设为 1，然后将各个年份的 ML 指数的累积乘积作为每年的 $GTFP$。当 $GTFP$ 大于 1 时，说明绿色全要素生产率呈现上升趋势，当 $GTFP$ 小于 1 时，说明绿色全要素生产率呈现下降趋势，当 $GTFP$ 等于 1 时，说明绿色全要素生产率不变。同样，GEC 大于 1 时，说明绿色技术效率呈现上升趋势，当 GEC 小于 1 时，说明绿色技术效率呈现下降趋势，当 GEC 等于 1 时，说明绿色技术效率不变。GTC 大于 1 时，说明绿色技术进步呈现上升趋势，当 GTC 小于 1 时，说明绿色技术进步呈现下降趋势，当 GTC 等于 1 时，说明绿色技术进步保持不变。

非期望产出超效率 SBM 模型结合 ML 指数测度的绿色全要素生产率涉及投入和产出指标，投入指标主要有资本、人力以及能源投入，产出指标主要有期望和非期望产出。具体而言，本书的资本投入用固定资本存量来表示，具体计算方式是参照张军等（2004）的永续盘存法得到，计算公式为：$K_{it} = K_{it-1} \times (1-\delta_t) + I_{it}$，固定资产投资作为当期投资额 I，并以 2000 年为基期用固定资产投资价格指数进行平减，限于数据的可得性，用省级层面的固定资产投资价格指数来代替地级市的固定资产投资价格指数，折旧率 δ_t 为 9.6%，基期资本存量 $K_1 = I_1/10\%$。人力投入用地级市的从业人员总数来表示，能源投入用地级市的用电总量来表示。期望产出用地级市的实际 GDP 来表示，实际 GDP 是以 2000 年为基期，用省级价格指数对名义 GDP 进行平减得到。非期望产出用工业二氧化硫、工业废水、工业烟（粉）尘的排放量来表示。

二、绿色全要素生产率的静态特征

根据式（3-4），测算样本研究期间 258 个地级市的绿色全要素生产率，进一步计算得到样本研究期间 258 个地级市以及资源型城市和非资源型城市样本研究期间绿色全要素生产率的年平均值，测算结果如表 3-6 所示。

表 3-6　　　　　　　样本城市年均绿色全要素生产率

年份	总体	资源型城市	非资源型城市
2007	1.000	1.000	1.000
2008	1.018	1.024	1.013
2009	1.093	1.059	1.119
2010	0.903	0.909	0.899
2011	0.903	0.909	0.899
2012	0.903	0.909	0.899
2013	0.827	0.827	0.826
2014	0.806	0.808	0.804
2015	0.858	0.867	0.851
2016	0.916	0.947	1.008
2017	0.982	0.388	0.464
2018	1.659	1.738	1.601
2019	5.417	5.904	5.058

根据表 3-6 的计算结果，从样本总体来看，绿色全要素生产率呈现先下降后上升的趋势，并且在 2019 年呈现大幅上升趋势，达到最大。其原因可能在于，改革开放以来，我国在实现经济增长的同时忽略了环境保护问题，造成了严重的环境污染问题，使得绿色全要素生产率呈现逐年下

降的趋势。近几年，我国政府以及民众的环保意识逐渐提高，不仅要实现经济增长，还要实现经济的高质量发展，对污染较为严重的产业实施严格的限制，使得绿色全要素生产率逐步提高。从不同城市类型来看，资源型城市和非资源型城市的绿色全要素生产率基本上差异不是很大，变动趋势基本一致。

为了更加直观地分析样本总体以及资源型城市和非资源型城市的绿色全要素生产率在样本研究期间的变动趋势，进一步用折线图来表示，如图 3-7 所示。从样本总体、资源型城市和非资源型城市来看，绿色全要素生产率的变动趋势基本一致，具体来说，绿色全要素生产率呈现"上升—下降—上升"的波动变化趋势，除了在 2019 年的变化幅度较大以外，其他年份的变动幅度均较小，并且在 2014 年下降幅度最大，在 2019 年上升幅度最大。

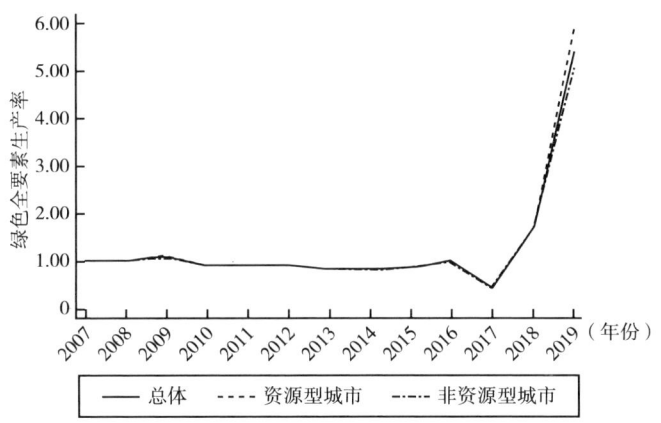

图 3-7 样本城市年均绿色全要素生产率的变动趋势

三、绿色全要素生产率的动态特征

为了全面考察样本总体以及资源型城市和非资源型城市绿色全要素生产率的动态演进趋势，通过三维核密度估计的方法来分析样本总体以及资源型城市和非资源型城市绿色全要素生产率的分布位置、分布形态、分布延展性和极化趋势。三维核密度估计结果如图3-8所示。

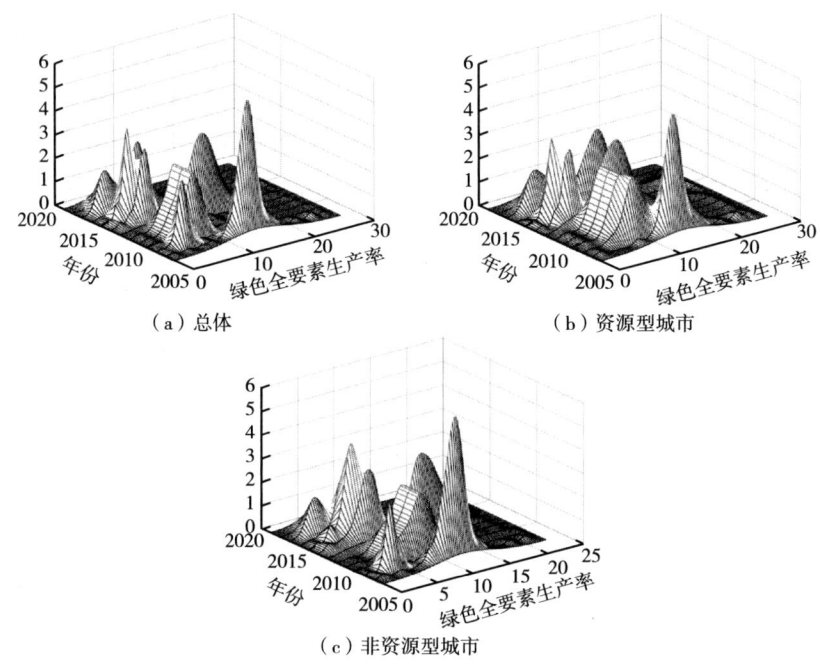

图3-8 样本城市绿色全要素生产率的三维核密度曲线

从分布位置来看，样本总体以及资源型城市和非资源型城市的主峰均呈现大幅右移的趋势，这说明样本总体以及资源型城市和非资源型城市的绿色全要素生产率呈大幅上升趋势。

从分布形态来看，样本总体以及资源型城市和非资源型城市的绿色全要素生产率的主峰峰值呈现"下降—上升—下降"的趋势，主峰宽度呈现"增大—缩小—增大"的特征，这说明样本总体以及资源型城市和非资源型城市的绿色全要素生产率的绝对差异具有增大的迹象，城市之间的绝对差异最终呈增大趋势。

从分布延展性看，样本总体以及资源型城市和非资源型城市的绿色全要素生产率分布曲线均呈现向右拖尾的现象，这是由于我国各地级市的绿色全要素生产率不平衡导致的。样本总体以及资源型城市和非资源型城市的绿色全要素生产率的分布延展性呈"拓宽—收敛"的变化过程，最终出现收敛迹象，这表明各地级市中较高绿色全要素生产率的城市与平均水平逐渐接近。

从极化趋势来看，样本总体以及资源型城市和非资源型城市的绿色全要素生产率分布曲线均呈现多峰现象，具有多极分化特征，并且各峰值的高度相差较大，说明绿色全要素生产率呈现微弱的多极分化趋势。

四、绿色全要素生产率的差异分析和收敛性检验

为了进一步考察绿色全要素生产率在样本总体以及资源型城市和非资源型城市中的差异及其演化趋势，本书使用基尼系数来反映绿色全要素生产率在不同类型城市内部的差异、不同类型城市之间的差异以及差异的来源。由于绿色全要素生产率在2007年的值均为1，所以就无须讨论2007年存在的差异，只讨论2008—2019年的差异。

首先，关于绿色全要素生产率在不同类型城市内部的差异，如图3-9所示。从样本总体来看，基尼系数在2008—2016年呈现小幅度上升或下降趋势，在2017—2019年呈现先大幅上升再大幅下降再大幅上升趋势，基尼系数由2008年的0.053上升到2019年的0.384，这说明各地级市之间绿色全要素生产率的差距越来越大，各城市独立发展性较强，区域协同发展性较弱。资源型城市内部与非资源型城市内部绿色全要素生产率的差距基本与样本总体内部绿色全要素生产率的差距保持一致，各城市发展差距较大。

其次，关于绿色全要素生产率在资源型城市与非资源型城市之间的差异，通过计算绿色全要素生产率在资源型城市与非资源型城市之间的组间差异以及绿色全要素生产率组间差异2008—2019年的均值，可以发现，在样本研究期间，随着时间的推移，资源型城市与非资源型城市之间的差距逐渐增大。

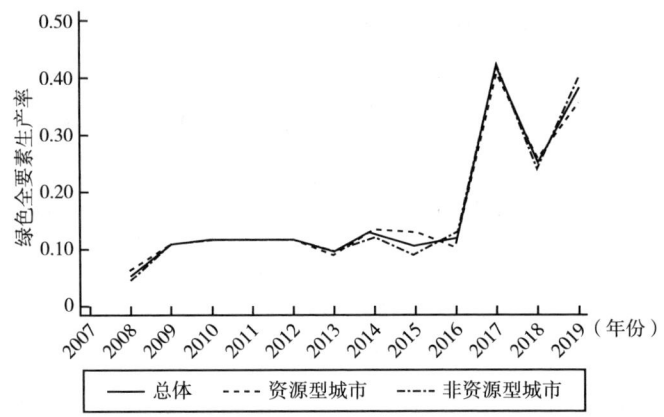

图3-9 样本城市绿色全要素生产率基尼系数的演化规律

最后,将基尼系数进一步分解,得到不同城市绿色全要素生产率差异的来源,差异来源分别是组内差距、组间差距和超变密度,各自占总差异的百分比如图3-10所示。可以看出,组内差距的占比相对比较平稳,最小为49.49%,最大为51.88%。组间差距占比呈现先上升后下降再上升再下降的趋势,2013年最小,为3.64%,2016年最大,为12.73%。超变密度2016年最小,为35.39%,2014年最大,为48.61%。

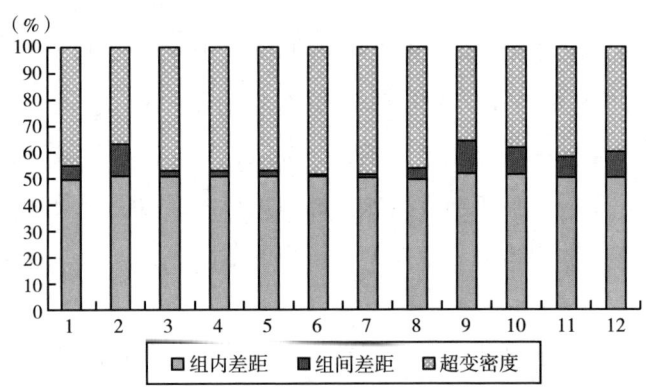

图3-10 绿色全要素生产率的差异来源

由上述分析可知,我国各地级市之间的绿色全要素生产率存在较大的差距,那么,这种差距是否会随着时间的推移而逐渐收敛呢?本书主要采

用 σ 收敛方法、绝对 β 收敛方法和条件 β 收敛方法来检验样本总体以及资源型城市和非资源型城市的绿色全要素生产率是否存在收敛性。

首先，进行 σ 收敛检验，σ 收敛是指各地级市绿色全要素生产率的离差随着时间的推移而出现下降的趋势，这说明绿色全要素生产率呈现收敛趋势，否则，呈现发散状态。本书使用绿色全要素生产率的标准差来衡量其是否存在 σ 收敛趋势。样本总体以及资源型城市和非资源型城市绿色全要素生产率的 σ 收敛检验如图 3-11 所示。可以看出，样本总体以及资源型城市和非资源型城市绿色全要素生产率的标准差呈现逐渐上升的趋势，并且期末的标准差要远远高于期初的标准差，说明绿色全要素生产率不存在 σ 收敛趋势。

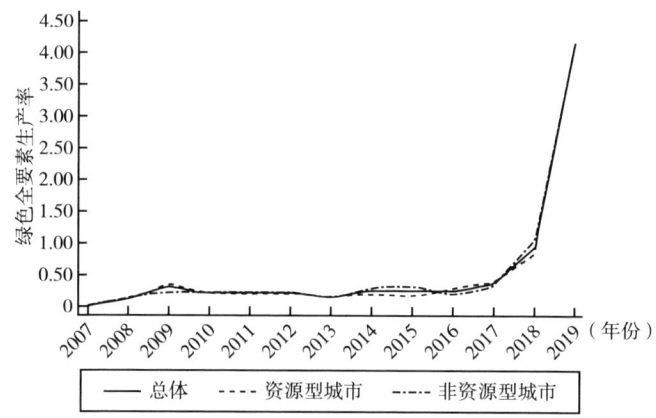

图 3-11 样本城市绿色全要素生产率的 σ 收敛状况

其次，进行 β 收敛检验，β 收敛又分为绝对 β 收敛和条件 β 收敛。绿色全要素生产率的绝对 β 收敛是指不考虑其他因素时，样本城市之间的绿色全要素生产率具有收敛趋势。绿色全要素生产率的条件 β 收敛是指考虑影响绿色全要素生产率的一系列其他因素时，样本城市之间的绿色全要素生产率具有收敛趋势。绝对 β 收敛和条件 β 收敛的模型分别见式（3-5）和式（3-6）。

$$\ln(GTFP_{i,t+1}/GTFP_{i,t}) = \alpha + \beta \times \ln(GTFP_{i,t}) + \varepsilon_{i,t} \qquad (3-5)$$

$$\ln(GTFP_{i,t+1}/GTFP_{i,t}) = \alpha + \beta \times \ln(GTFP_{i,t}) + \rho X_{i,t} + \varepsilon_{i,t} \quad (3-6)$$

其中，$\ln(GTFP_{i,t+1}/GTFP_{i,t})$ 表示城市 i 的绿色全要素生产率在 $t+1$ 年的增长率，ε 表示随机误差项。当 β 小于 0 时，说明绿色全要素生产率存在收敛趋势，反之，存在发散趋势。

绝对 β 收敛和条件 β 收敛的检验结果如表 3-7 和表 3-8 所示。由表 3-7 可知，无论是对于样本总体还是资源型城市和非资源型城市来说，$\ln(GTFP)$ 的回归系数均显著为正，这说明样本总体以及资源型城市和非资源型城市的绿色全要素生产率均不存在绝对 β 收敛趋势。由表 3-8 可知，无论是对于样本总体还是资源型城市和非资源型城市来说，$\ln(GTFP)$ 的回归系数均显著为正，这说明样本总体以及资源型城市和非资源型城市的绿色全要素生产率均不存在条件 β 收敛趋势。

表 3-7　样本城市绿色全要素生产率的绝对 β 收敛状况

变量	总体	非资源型城市	资源型城市
$\ln(GTFP)$	0.905 *** (0.013)	0.918 *** (0.017)	0.889 *** (0.019)
常数项	0.143 *** (0.008)	0.138 *** (0.011)	0.151 *** (0.013)
时间固定效应	YES	YES	YES
个体固定效应	YES	YES	YES
R^2	0.641	0.643	0.638

表 3-8　样本城市绿色全要素生产率的条件 β 收敛状况

变量	总体	非资源型城市	资源型城市
$\ln(GTFP)$	0.875 *** (0.012)	0.889 *** (0.017)	0.860 *** (0.019)
kl	0.223 *** (0.019)	0.217 *** (0.026)	0.231 *** (0.028)
$mark$	-0.012 (0.015)	-0.016 (0.022)	-0.010 (0.022)

续表

变量	总体	非资源型城市	资源型城市
fdi	0.010 (0.045)	-0.022 (0.052)	0.100 (0.091)
常数项	-0.843*** (0.082)	-0.811*** (0.110)	-0.883*** (0.123)
时间固定效应	YES	YES	YES
个体固定效应	YES	YES	YES
R^2	0.658	0.659	0.658

五、绿色全要素生产率的事实评价

第一,关于绿色全要素生产率的静态特征,测算结果表明:从样本总体来看,绿色全要素生产率呈现先上升后下降再上升的趋势,并且在2019年呈现大幅上升趋势。从不同城市类型来看,资源型城市和非资源型城市的绿色全要素生产率基本上差异不是很大,变动趋势基本一致。

第二,关于绿色全要素生产率的动态演进趋势,测算结果表明:样本总体以及资源型城市和非资源型城市的绿色全要素生产率呈大幅上升趋势,绝对差异具有增大的迹象,各地级市之间较高绿色全要素生产率的城市与平均水平逐渐接近,并呈现微弱的多极分化趋势。

第三,关于绿色全要素生产率的差异来源,测算结果表明:资源型城市内部、非资源型城市内部绿色全要素生产率的差距基本与样本总体城市内部绿色全要素生产率的差距保持一致,各城市发展差距较大,并且其差异均来源于组内差距、组间差距和超变密度。

第四,关于绿色全要素生产率的收敛性分析,测算结果表明:样本总体以及资源型城市和非资源型城市的绿色全要素生产率均不存在 σ 收敛趋势,也不存在条件 β 收敛趋势和绝对 β 收敛趋势。

第四节　资源依赖视角下金融集聚影响绿色全要素生产率的经验事实

在明确了样本总体以及资源型城市和非资源型城市金融集聚与绿色全要素生产率的基本现状之后,需要进一步对资源依赖视角下金融集聚影响绿色全要素生产率的相关事实进行描述。首先,分析资源依赖视角下金融集聚对绿色全要素生产率总体影响的现状。其次,从城市创新能力、劳动力市场高级化以及产业结构高级化三个视角出发,分析资源依赖视角下金融集聚对绿色全要素生产率影响渠道的现状。最后,从空间维度出发,分析资源依赖视角下金融集聚对绿色全要素生产率产生的空间溢出效应的现状。

一、资源依赖视角下金融集聚影响绿色全要素生产率的现状

为了初步判定样本总体、非资源型城市和资源型城市中金融集聚与绿色全要素生产率两者之间的关系,本书进一步绘制样本总体、非资源型城市和资源型城市中金融集聚与绿色全要素生产率二者之间的拟合散点图,如图3-12所示。

由图3-12初步判定的结果是:在样本总体中,金融集聚能够显著促进绿色全要素生产率的提升。进一步,将样本总体划分为资源型城市和非资源型城市时,这种影响效应表现出一定的异质性,具体来说,在非资源型城市中,金融集聚与绿色全要素生产率之间呈正相关关系,而在资源型城市中,金融集聚与绿色全要素生产率之间呈负相关关系。需要说明的是,初步拟合散点图尚未考虑其他可能的影响因素,不能保证其结果是完全标准无误的。因此,本书在后续的实证分析中进一步对资源依赖视角下金融集聚对绿色全要素生产率的影响效应和影响机理进行实证检验。

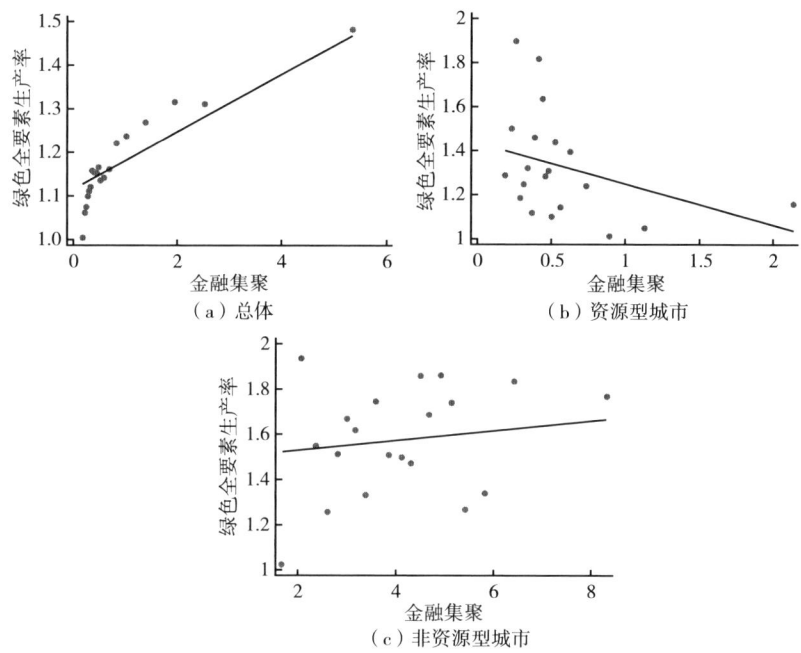

图 3-12 样本城市中金融集聚与绿色全要素生产率的拟合散点图

二、资源依赖视角下金融集聚—城市创新能力—绿色全要素生产率的现状

为了初步判定样本总体、非资源型城市和资源型城市中金融集聚、城市创新能力以及绿色全要素生产率三者之间的关系,本书进一步绘制样本总体、非资源型城市和资源型城市的金融集聚与城市创新能力、城市创新能力与绿色全要素生产率两两之间的拟合散点图,如图3-13所示。

由图3-13初步判定的结果是:无论是在样本总体中,还是在资源型城市和非资源型城市中,金融集聚与城市创新能力之间呈正相关关系,即金融集聚均能够促进城市创新能力的提升,并且城市创新能力与绿色全要素生产率之间也呈正相关关系,即城市创新能力的提升能够促进绿色全要素生产率的提升。

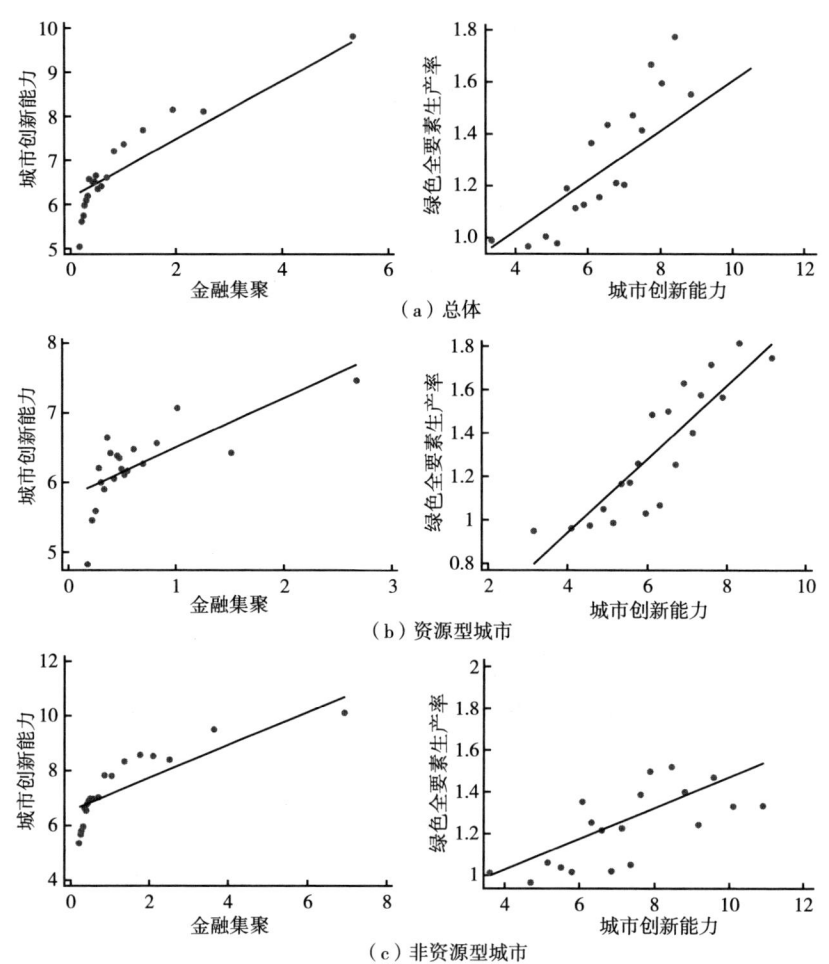

图 3-13 样本城市中金融集聚—城市创新能力—绿色全要素生产率的拟合散点图

三、资源依赖视角下金融集聚—劳动力市场高级化—绿色全要素生产率的现状

为了初步判定样本总体、非资源型城市和资源型城市中金融集聚、劳动力市场高级化与绿色全要素生产率三者之间的关系，本书进一步绘制样本总体、非资源型城市和资源型城市的金融集聚与劳动力市场高级化、劳

动力市场高级化与绿色全要素生产率两两之间的拟合散点图,如图 3-14 所示。

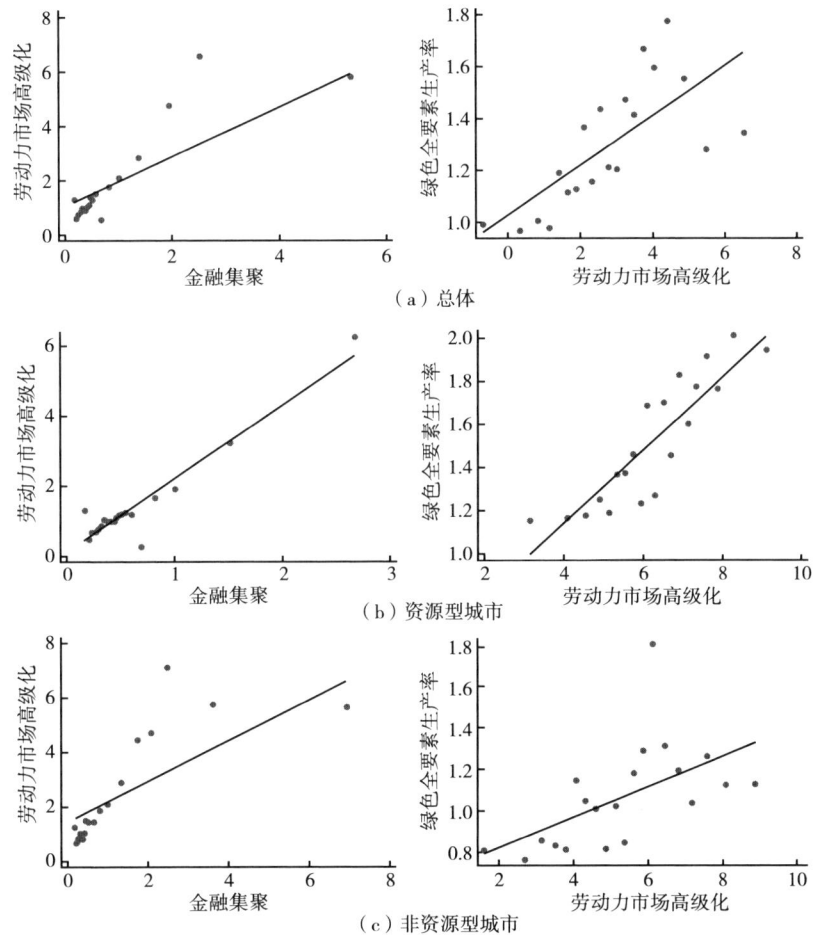

图 3-14 样本城市中金融集聚—劳动力市场高级化—绿色全要素生产率的拟合散点图

由图 3-14 初步判定的结果是:无论是在样本总体中,还是在资源型城市和非资源型城市中,金融集聚与劳动力市场高级化之间呈正相关关系,即金融集聚均能够促进劳动力市场高级化,并且劳动力市场高级化与绿色全要素生产率之间也呈正相关关系,即劳动力市场高级化能够促进绿色全要素生产率的提升。

四、资源依赖视角下金融集聚—产业结构高级化—绿色全要素生产率的现状

为了初步判定样本总体、非资源型城市和资源型城市中金融集聚、产业结构高级化与绿色全要素生产率三者之间的关系,本书进一步绘制样本总体、非资源型城市和资源型城市的金融集聚与产业结构高级化、产业结构高级化与绿色全要素生产率两两之间的拟合散点图,如图3-15所示。

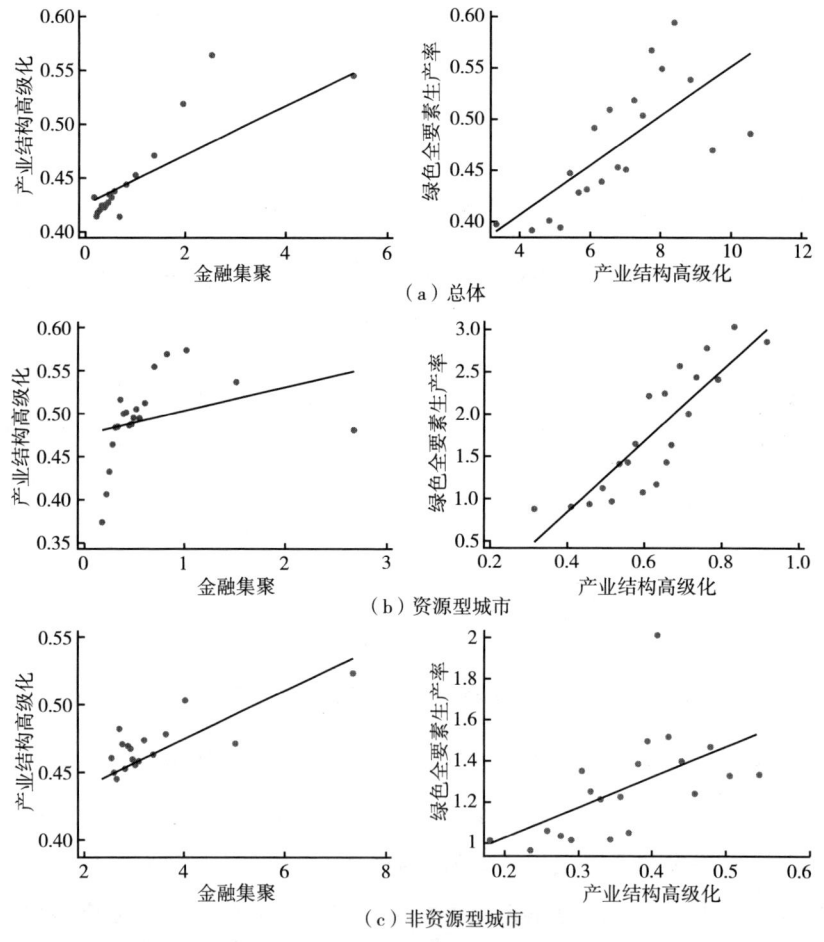

图3-15 样本城市中金融集聚—产业结构高级化—绿色全要素生产率的拟合散点图

由图 3-15 初步判定的结果是：无论是在样本总体中，还是在资源型城市和非资源型城市中，金融集聚与产业结构高级化之间呈正相关关系，即金融集聚均能够促进产业结构高级化，并且产业结构高级化与绿色全要素生产率之间也呈正相关关系，即产业结构高级化能够促进绿色全要素生产率的提升。

五、资源依赖视角下金融集聚对绿色全要素生产率产生的空间溢出效应的现状

考虑到空间分位图能够反映金融集聚和绿色全要素生产率在空间范围内的差异，本书通过绘制空间分位图进一步更加直观地反映样本城市金融集聚和绿色全要素生产率在地理空间上的差异。基于金融集聚的测算结果，将 2008 年、2013 年和 2018 年样本城市的金融集聚按照数值的高低依次划分为 4 个等级，金融集聚的划分依据是低水平（0—5）、中水平（5—10）、较高水平（10—15）以及高水平（15—17）。基于绿色全要素生产率的测算结果，将 2008 年、2013 年和 2018 年样本城市的绿色全要素生产率按照数值的高低依次划分为 4 个等级，绿色全要素生产率的划分依据是低水平（0—0.8）、中水平（0.8—1.6）、较高水平（1.6—5）以及高水平（5—10）。利用 Arcgis10.2 分别绘制金融集聚、绿色全要素生产率在 2008 年、2013 年和 2018 年的空间分位图。

2008 年，大部分城市的金融集聚程度处于低水平状态，基本形成连绵集聚区格局，金融集聚程度较高的城市大部分集中在东部沿海地区，这是因为东部沿海地区的经济较为发达，配套设施相对比较完善，对外开放程度较高，对金融资源的吸引力较强。2013 年，部分城市由低水平状态向中水平状态转变。2018 年，部分城市由中水平状态进一步向低水平状态转变。这是因为金融集聚程度始终是动态变化的，自改革开放以来，我国经济实现高速发展，逐渐形成区域金融中心，金融集聚程度不断升高。当金融集聚程度达到峰值时，将会产生拥堵效应、恶性竞争等一系列负面

影响，此时，金融资源逐渐向周边地区分散，旧的集聚中心消失，金融集聚程度逐渐降低。

2008年，大部分城市的绿色全要素生产率处于中水平状态。2013年，大部分城市由中水平状态向低水平状态转变，并且在这部分城市中资源型城市居多。其原因在于，改革开放以来，我国资源型城市大规模发展资源型产业，实现了经济的高速发展，但是在经济增长的背后付出了严重的环境污染代价，随着资源的过度消耗，污染物排放量不断增加，环境质量逐渐恶化，绿色全要素生产率也随之下降。2018年，大部分城市由低水平状态向较高水平状态转变，还有部分城市向高水平状态转变，其原因在于，随着党的十八大将生态文明建设纳入"五位一体"总布局，党的十八届五中全会将实现绿色发展作为全面建成小康社会关键期的重点任务，我国开始走绿色发展之路，资源型城市开始走转型发展之路，将实现环境优化与经济发展摆在同样重要的位置，绿色全要素生产率逐渐升高。

因此，金融集聚与绿色全要素生产率在空间维度上既存在一致性，同时也存在错位性，二者之间可能存在着某种密切的关联关系，因此，有必要进一步在后文的实证检验中考察资源依赖视角下金融集聚对绿色全要素生产率产生的空间溢出效应。

六、资源依赖视角下金融集聚影响绿色全要素生产率的事实评价

第一，关于资源依赖视角下金融集聚影响绿色全要素生产率的现状，初步拟合结果表明：从样本总体和非资源型城市来看，金融集聚能够促进绿色全要素生产率的提升。而从资源型城市来看，金融集聚将会抑制绿色全要素生产率的提升。

第二，关于资源依赖视角下金融集聚—城市创新能力—绿色全要素生产率的现状，初步拟合结果表明：从样本总体、资源型城市和非资源型城市来看，金融集聚均能够促进城市创新能力的提升，并且城市创新能力的

提升能够促进绿色全要素生产率的提升。

第三，关于资源依赖视角下金融集聚—劳动力市场高级化—绿色全要素生产率的现状，初步拟合结果表明：从样本总体、资源型城市和非资源型城市来看，金融集聚均能够促进劳动力市场高级化，并且劳动力市场高级化能够促进绿色全要素生产率的提升。

第四，关于资源依赖视角下金融集聚—产业结构高级化—绿色全要素生产率的现状，初步拟合结果表明：从样本总体、资源型城市和非资源型城市来看，金融集聚均能够促进产业结构高级化，并且产业结构高级化能够促进绿色全要素生产率的提升。

第五，关于资源依赖视角下金融集聚对绿色全要素生产率产生的空间溢出效应的现状，初步分析结果表明：金融集聚与绿色全要素生产率在空间维度上既存在一致性，也存在错位性。

本章小结

本章在第二章分析资源依赖视角下金融集聚影响绿色全要素生产率的理论基础上，结合2007—2019年资源依赖、金融集聚与绿色全要素生产率的数据，对资源依赖视角下金融集聚影响绿色全要素生产率的事实进行了描述。

关于资源依赖的特征事实，资源型城市的资源依赖程度显著高于非资源型城市，非资源型城市的资源依赖程度基本接近于0，并且资源型城市的资源依赖程度自2012年开始逐渐下降。

关于金融集聚的特征事实。首先，非资源型城市的金融集聚程度显著高于资源型城市的金融集聚程度。其次，非资源型城市中的金融集聚呈下降趋势，金融集聚的绝对差异呈现缩小的迹象，各地级市中较高金融集聚程度的城市与平均水平逐渐接近，不存在极化趋势。而资源型城市中金融集聚的变动幅度不大，金融集聚的绝对差异呈现缩小的迹象，各地级市中较高金融集聚的城市与平均水平之间的差距逐渐加大，不存在极化趋势。最后，非资源型城市内部各城市之间金融集聚程度的差距要大于资源型城市，并且其差异来源均是组内差距、组间差距和超变密度。非资源型城市的金融集聚在样本研究期间存在 σ 收敛趋势，而资源型城市的金融集聚不存在 σ 收敛趋势，并且非资源型城市和资源型城市中的金融集聚均不存在绝对 β 收敛趋势和条件 β 收敛趋势。

关于绿色全要素生产率的特征事实。首先，在样本研究期间，资源型城市和非资源型城市中绿色全要素生产率变动趋势的差异不是很大，基本保持一致。其次，资源型城市和非资源型城市的绿色全要素生产率均呈现上升趋势，城市之间的绝对差异最终呈增大趋势，同时各地级市中较高绿色全要素生产率的城市与平均水平逐渐接近，具有多极分化特征。最后，资源型城市内部与非资源型城市内部绿色全要素生产率的差距较大，并且其差异来源分别是组内差距、组间差距和超变密度。非资源型城市和资源型城市中的绿色全要素生产率均不存在 σ 收敛趋势，也不存在绝对 β 收敛趋势和条件 β 收敛趋势。

关于资源依赖视角下金融集聚影响绿色全要素生产率的特征事实。首先，在样本总体和非资源型城市中，金融集聚能够促进绿色全要素生产率的提升，而在资源型城市中，金融集聚将会抑制绿色全要素生产率的提升。其次，在样本总体、资源型城市和非资源型城市中，金融集聚均能够促进城市创新能力的提升、劳动力市场高级化、产业结构高级化，并且城市创新能力的提升、劳动力市场高级化和产业结构高级化均能够促进绿色全要素生产率的提升。最后，金融集聚与绿色全要素生产率在空间上存在密切的关联关系，一方面在空间格局上呈现出一致性，另一方面在空间格局上表现出错位性。

第四章

资源依赖视角下金融集聚对绿色全要素生产率影响效应的实证研究

本书的第二章从理论层面上分析了资源依赖视角下金融集聚影响绿色全要素生产率的一般机理和门槛效应，一般而言，金融集聚能够促进绿色全要素生产率的提升。但是在资源型城市中，金融集聚将会抑制绿色全要素生产率的提升。并且金融集聚始终呈现动态变化，这就使得资源依赖视角下金融集聚对绿色全要素生产率的影响呈现非线性特征。第三章从现状层面上描述了资源依赖视角下金融集聚影响绿色全要素生产率的事实特征，一般而言，金融集聚与绿色全要素生产率呈正相关关系。但是在资源型城市中，金融集聚与绿色全要素生产率呈负相关关系。本章为了对理论分析和现状描述进行验证，首先，构建静态面板模型进行基准回归以验证资源依赖视角下金融集聚对绿色全要素生产率影响的一般机理。其次，为了验证基准回归结果的稳健性进行一系列稳健性检验和内生性检验。再次，构建面板门槛模型进行门槛效应检验以验证当金融集聚程度不同、资源依赖程度不同时，资源依赖视角下金融集聚将会对绿色全要素生产率产生怎样的影响。最后，对于不同经济发展水平、不同环境规制程度、不同环境污染程度的非资源型城市和资源型城市进行异质性检验，以验证金融集聚对绿色全要素生产率的这种影响作用是否表现出一定的异质性。

第一节 模型构建、变量选取以及数据来源

一、模型构建

根据第二章的理论分析，本书设定以下基准计量模型，见式（4-1），来实证检验资源依赖视角下金融集聚对绿色全要素生产率的影响：

$$GTFP_{i,t} = \beta_0 + \beta_1 \times agg_{i,t} + \theta_1 \times X_{i,t} + \varepsilon_{i,t} \quad (4-1)$$

其中，$GTFP$ 代表绿色全要素生产率，agg 代表金融集聚，X 代表所有的控制变量，ε 代表随机误差项，i 代表城市，t 代表年份。

接下来,在式(4-1)的基础上进一步分别构建以金融集聚为门槛的面板门槛模型和以资源依赖为门槛的面板门槛模型。以单门槛为例,式(4-2)和式(4-3)分别是将金融集聚和资源依赖作为门槛变量:

$$GTFP_{i,t} = \beta_0 + \beta_1 \times agg_{i,t} \times 1(agg_{i,t} \leq \gamma) + \beta_2 \times agg_{i,t} \times 1(agg_{i,t} > \gamma) + \theta_1 \times X_{i,t} + \varepsilon_{i,t} \quad (4-2)$$

$$GTFP_{i,t} = \beta_0 + \beta_1 \times agg_{i,t} \times 1(res_{i,t} \leq \omega) + \beta_2 \times agg_{i,t} \times 1(res_{i,t} > \omega) + \theta_1 \times X_{i,t} + \varepsilon_{i,t} \quad (4-3)$$

其中,1(·)为示性函数。当1(·)为真时,1(·)的值为1,当1(·)为假时,1(·)的值为0。其他变量的定义与式(4-1)相同。以此类推,还能考虑双重门槛模型和三重门槛模型。

二、变量选取

本书的被解释变量是绿色全要素生产率($GTFP$),核心解释变量是金融集聚(agg),门槛变量是金融集聚(agg)、资源依赖(res),控制变量包括禀赋结构(kl)、市场化水平($mark$)以及对外开放程度(fdi)。

(1)被解释变量。本书的被解释变量是绿色全要素生产率($GTFP$),参考赵明亮等(2020)的做法,通过使用非期望产出超效率 SBM 模型结合 ML 指数来测度我国 258 个地级市的绿色全要素生产率。

(2)核心解释变量。本书的核心解释变量是金融集聚(agg),参考毛其淋等(2022)的做法,通过区位熵方法来测度我国 258 个地级市的金融集聚程度。

(3)门槛变量。本书的门槛变量是金融集聚(agg)和资源依赖(res),参考裴耀琳等(2021)的做法,使用各城市采矿业从业人数占总从业人数的比重来表示各城市的资源依赖程度。

(4)控制变量。为了尽可能避免遗漏变量造成的模型偏误问题,并充分考虑影响绿色全要素生产率的相关因素,除上述变量之外,本书借鉴李虹等(2022)、陈晓峰等(2020)、吕有金等(2021)的做法选取了以下三个控制变量：①禀赋结构（kl）：采用城市的固定资本存量与从业人数的比值来表示一个城市的禀赋结构，禀赋结构的值越高，说明资本的投入越高，资本投入比重越高，一方面意味着可能有一部分资本流入污染较高、效率较低的产业，从而抑制绿色全要素生产率的提升。另一方面意味着资本用于从事技术创新活动、改善生产工艺技术，从而减少污染物排放，有利于促进绿色全要素生产率的提升。因此，禀赋结构对绿色全要素生产率的影响方向不确定。②市场化水平（$mark$）：采用地级市城镇私营个体单位的从业人数与地级市所有从业人数之比来表示一个城市的市场化结构。市场化水平较高，一方面意味着大量企业扎堆集聚，只追求经济效益，忽略生产过程中产生的环境污染问题，在缺乏政府管制的情况下，阻碍绿色全要素生产率的提升。另一方面意味着极大地优化资源配置效率，促使生产要素高效流动，提升企业生产效率，减少污染物的排放，从而提升绿色全要素生产率。因此，市场化水平对绿色全要素生产率的影响方向不确定。③对外开放程度（fdi），用城市吸引的外商投资总额与城市的生产总值之比来表示一个城市吸引外资的能力，在城市统计年鉴的报告中当年实际使用外资金额是以美元为单位计算的，在本书中根据人民币与美元的当年平均汇率将其转换为人民币。对外开放程度越高，一方面意味着国外将一部分高耗能、高污染的产业转移至我国，使我国环境质量恶化，绿色全要素生产率降低。另一方面意味着引进国外先进的生产技术，改进我国原来落后的生产技术，优化环境质量，从而提升绿色全要素生产率。因此，对外开放程度对绿色全要素生产率的影响方向不确定。变量的描述性统计如表4-1所示。

表4-1　　　　　　　　变量的描述性统计

	var	obs	mean	sd	min	max	p25	p50	p75
样本总体城市	$GTFP$	3354	1.294	1.712	0.046	27.510	0.812	0.949	1.056
	agg	3354	0.939	1.346	0.126	18.164	0.309	0.473	0.932
	res	3354	0.057	0.095	0.000	0.578	0.003	0.015	0.061

续表

	var	obs	mean	sd	min	max	p25	p50	p75
样本总体城市	kl	3354	4.412	0.622	1.715	6.084	3.979	4.421	4.856
	mark	3354	1.065	0.751	0.000	17.141	0.603	0.920	1.355
	fdi	3354	0.033	0.177	0.000	5.738	0.003	0.013	0.030
非资源型城市	GTFP	1989	1.265	1.617	0.046	22.494	0.816	0.953	1.061
	agg	1989	1.190	1.658	0.126	18.164	0.305	0.502	1.581
	res	1989	0.014	0.024	0.000	0.203	0.001	0.005	0.015
	kl	1989	4.395	0.587	1.715	0.310	3.983	4.393	4.826
	mark	1989	1.120	0.717	0.000	7.504	0.669	0.968	1.393
	fdi	1989	0.036	0.206	0.000	5.738	0.005	0.016	0.035
资源型城市	GTFP	1365	1.336	1.842	0.056	27.510	0.803	0.943	1.051
	agg	1365	0.573	0.471	0.137	3.628	0.319	0.452	0.611
	res	1365	0.120	0.120	0.000	0.578	0.026	0.075	0.191
	kl	1365	4.437	0.668	1.837	6.084	3.975	4.466	4.901
	mark	1365	0.986	0.791	0.000	17.141	0.508	0.835	1.298
	fdi	1365	0.028	0.125	0.000	2.950	0.001	0.008	0.022

三、数据来源

本书的样本研究期间为2007—2019年，鉴于数据的可得性，最终得到的研究样本包含我国258个地级市，在此基础上，根据《全国资源型城市可持续发展规划（2013—2020年）》，将258个城市划分为105个资源型城市和153个非资源型城市。本书的研究数据来源于《中国城市统计年鉴》和《中国统计年鉴》。对于样本研究期间的缺失数据均采取插值法对其进行填充，最后一期2019年的缺失数据通过趋势外推法得到。在研究中所有包含价格因素的数据，均以2000年为基期用相应的价格指数进行平减，剔除价格因素的影响。

第二节　资源依赖视角下金融集聚对绿色全要素生产率的影响效应

一、基准回归估计结果

样本总体、非资源型城市和资源型城市中金融集聚对绿色全要素生产率影响的回归结果如表4-2所示。第（1）列和第（2）列是对样本总体进行检验的结果，第（1）列是不考虑控制变量的回归结果，第（2）列是考虑控制变量的回归结果。结果表明，无论是否考虑控制变量，在样本总体中，金融集聚（agg）的回归系数均显著为正，这说明对于样本总体来说，金融集聚能够缓解创新主体在从事创新活动时面临的融资约束问题，激发创新积极性，改进落后的生产工艺技术，同时有利于促进生产要素的高效流动，实现生产要素高效配置，优先支持绿色投资项目，实现绿色全要素生产率的提升。第（3）列和第（4）列是对非资源型城市进行检验的结果，第（3）列是不考虑控制变量的回归结果，第（4）列是考虑控制变量的回归结果。结果表明，无论是否考虑控制变量，在非资源型城市中，金融集聚（agg）的回归系数均显著为正。第（5）列和第（6）列是对资源型城市进行检验的结果，第（5）列是不考虑控制变量的回归结果，第（6）列是考虑控制变量的回归结果。结果表明，无论是否考虑控制变量，在资源型城市中，金融集聚（agg）的回归系数均显著为负。这表明在非资源型城市中，金融集聚能够通过优化资源配置，引导生产要素向绿色、节能、低碳的投资项目流动，进一步促进绿色全要素生产率的提升。而在资源型城市中，对资源产业的过度依赖，容易形成路径依赖模式，会对创新要素、高素质人才产生"挤出效应"，并且抑制非资源产业的发展，无法发挥金融集聚对绿色全要素生产率的促进作用，金融资源集聚反而会进一步促进资源型产业的发展，从而抑制绿色全要素生产率的提升。

表4-2 基准模型回归结果

变量	样本总体		非资源型城市		资源型城市	
	(1)	(2)	(3)	(4)	(5)	(6)
agg	0.407*** (0.104)	0.337*** (0.108)	0.367*** (0.108)	0.284** (0.114)	-0.188* (0.106)	-0.275*** (0.104)
kl		0.295*** (0.100)		0.313** (0.126)		0.707*** (0.079)
$mark$		-0.161*** (0.039)		-0.124** (0.056)		-0.126* (0.067)
fdi		-0.055 (0.125)		-0.059 (0.136)		-0.330 (0.389)
常数项	0.612*** (0.125)	-0.251 (0.349)	0.550*** (0.163)	-0.380 (0.433)	1.444*** (0.078)	-1.510*** (0.334)
时间固定效应	YES	YES	YES	YES	YES	YES
地区固定效应	YES	YES	YES	YES	YES	YES
R^2	0.534	0.538	0.499	0.501	0.002	0.093
观测值	3354	3354	1989	1989	1365	1365

注：*、**、***分别表示在10%、5%和1%的水平下显著；括号内为统计标准误。以下各表同。

从控制变量的回归结果来看，在样本总体、非资源型城市以及资源型城市中，禀赋结构（kl）的回归系数均显著为正，这说明资本投入比例越高，用来支持创新活动的资金就越多，从而激发企业家进行创新活动的热情和动力，进一步改进原有的生产工艺水平，提升生产经营效率，减少污染物排放，实现生产过程的"全绿化"，促进绿色全要素生产率的提升。在样本总体、非资源型城市以及资源型城市中，市场化水平（$mark$）的回归系数均显著为负，这说明市场化水平较高使大量企业和产业"扎堆式"聚集，在缺乏政府的有效管制下，这些企业和产业盲目追求经济效益的提升，为了实现利润最大化而忽视了环境污染问题，使环境质量逐步恶化，抑制绿色全要素生产率的提升。在样本总体、非资源型城市以及资源型城市中，对外开放程度（fdi）的系数均为负但不显著，这说明在样本研究期间,外资引入无法对绿色全要素生产率产生明显的影响。

二、稳健性检验估计结果

(一) 更换绿色全要素生产率的测度方式

本书在基准回归部分使用非期望产出超效率 SBM 模型结合 ML 指数的方法测度地级市的绿色全要素生产率指标,考虑到被解释变量的测度方式可能会对模型的稳健性产生影响,为了保证基准回归估计结果的稳健性,参考余奕杉等 (2021) 的做法,考虑到 GML 指数具有可循环、可传递的特性,改用非期望产出超效率 SBM 模型结合 GML 指数的方法来衡量城市的绿色全要素生产率。

重新估计的结果如表 4-3 所示,第 (1) 列是对样本总体的回归结果,第 (2) 列是对非资源型城市的回归结果,第 (3) 列是对资源型城市的回归结果。回归结果表明,样本总体、非资源型城市和资源型城市中金融集聚 (agg) 回归系数的符号和显著性均没有发生明显的变化。因此,基准模型的估计结果具有稳健性。

表 4-3　　　　　　　稳健性检验回归结果 (一)

变量	更换绿色全要素生产率指标		
	样本总体	非资源型城市	资源型城市
	(1)	(2)	(3)
agg	0.250** (0.102)	0.212** (0.084)	-0.223** (0.108)
kl	0.353*** (0.094)	0.262*** (0.092)	0.710*** (0.082)
$mark$	-0.151*** (0.037)	-0.144*** (0.041)	-0.129* (0.070)
fdi	-0.019 (0.119)	-0.043 (0.100)	-0.267 (0.405)

续表

变量	更换绿色全要素生产率指标		
	样本总体	非资源型城市	资源型城市
	（1）	（2）	（3）
常数项	-0.384 (0.330)	-0.088 (0.318)	-1.604*** (0.348)
时间固定效应	YES	YES	YES
地区固定效应	YES	YES	YES
R^2	0.489	0.540	0.082
观测值	3354	1989	1365

（二）在模型中加入绿色全要素生产率的滞后一期

考虑到绿色全要素生产率在时间上具有"路径锁定"的特征，忽略了这一特征很有可能对模型的稳健性造成影响，为了保证基准回归估计结果的稳健性，在基准回归模型中加入被解释变量绿色全要素生产率的滞后一期，新的回归模型见式（4-4）：

$$GTFP_{i,t} = \beta_0 + \beta_1 \times GTFP_{i,t}-1 + \beta_2 \times agg_{i,t} + \theta_1 \times X_{i,t} + \varepsilon_{i,t}$$

（4-4）

重新估计的结果如表4-4所示，第（1）列是对样本总体的回归结果，第（2）列是对非资源型城市的回归结果，第（3）列是对资源型城市的回归结果。回归结果表明，样本总体、非资源型城市和资源型城市中金融集聚（agg）回归系数的符号和显著性均没有发生明显的变化。因此，基准模型的估计结果具有稳健性。

表4-4　　　　　　稳健性检验回归结果（二）

变量	加入绿色全要素生产率的滞后一期		
	样本总体	非资源型城市	资源型城市
	（1）	（2）	（3）
L.GTFP	-0.475*** (0.073)	-0.514*** (0.092)	1.422*** (0.118)

续表

变量	加入绿色全要素生产率的滞后一期		
	样本总体	非资源型城市	资源型城市
	（1）	（2）	（3）
agg	0.406***	0.353***	-0.333***
	(0.128)	(0.136)	(0.106)
kl	0.317***	0.325**	0.845***
	(0.113)	(0.140)	(0.086)
$mark$	-0.165***	-0.139**	-0.174***
	(0.042)	(0.060)	(0.066)
fdi	-0.062	-0.057	-0.219
	(0.130)	(0.141)	(0.383)
常数项	0.061	-0.010	-3.417***
	(0.422)	(0.515)	(0.392)
时间固定效应	YES	YES	YES
地区固定效应	YES	YES	YES
R^2	0.545	0.512	0.203
观测值	3096	1836	1260

（三）异常值处理

考虑到样本数据的异常值对基准回归结果造成的影响，为了保证基准回归估计结果的稳健性，本书对样本数据进行上下1%水平的缩尾处理，重新估计的结果如表4-5所示，第（1）列是对样本总体的回归结果，第（2）列是对非资源型城市的回归结果，第（3）列是对资源型城市的回归结果。回归结果表明，样本总体、非资源型城市和资源型城市中金融集聚（agg）回归系数的符号和显著性均没有发生明显的变化。因此，基准模型的估计结果具有稳健性。

表 4-5　　　　　　　稳健性检验回归结果（三）

变量	剔除异常值		
	样本总体	非资源型城市	资源型城市
	（1）	（2）	（3）
agg	0.434*** (0.147)	0.273*** (0.105)	-0.315*** (0.110)
kl	0.377*** (0.105)	0.270*** (0.087)	0.752*** (0.083)
$mark$	-0.219*** (0.049)	-0.074* (0.040)	-0.186** (0.086)
fdi	-0.132 (0.698)	-0.219 (0.605)	-1.114 (0.990)
常数项	-0.568 (0.369)	-0.230 (0.298)	-1.617*** (0.343)
时间固定效应	YES	YES	YES
地区固定效应	YES	YES	YES
R^2	0.538	0.627	0.094
观测值	3354	1989	1365

（四）剔除东部沿海城市

考虑到东部沿海城市的经济发展水平相对较高，制度环境相对比较完善，金融机构选址时更加倾向于集聚在东部沿海城市，并且东部沿海城市自身的绿色全要素生产率相对较高，这可能会在一定程度上高估金融集聚对绿色全要素生产率的影响效应。为了确保基准回归结果的稳健性，本书从总样本258个地级市中剔除东部沿海城市重新进行回归，重新估计的结果如表4-6所示，第（1）列是对样本总体的回归结果，第（2）列是对非资源型城市的回归结果，第（3）列是对资源型城市的回归结果。回归结果表明，样本总体、非资源型城市和资源型城市中金融集聚（agg）回归系数的符号和显著性均没有发生明显的变化。因此，基准模型的估计结果具有稳健性。

表 4-6　　　　　　　　稳健性检验回归结果（四）

变量	剔除东部沿海城市		
	样本总体	非资源型城市	资源型城市
	（1）	（2）	（3）
agg	0.484** (0.206)	0.613** (0.240)	-0.256** (0.113)
kl	0.280** (0.126)	0.306* (0.165)	0.727*** (0.089)
$mark$	-0.180*** (0.047)	-0.155** (0.075)	-0.177** (0.073)
fdi	-0.045 (0.130)	-0.050 (0.135)	-0.365 (0.412)
常数项	-0.148 (0.466)	-0.385 (0.607)	-1.508*** (0.375)
时间固定效应	YES	YES	YES
地区固定效应	YES	YES	YES
R^2	0.568	0.564	0.090
观测值	2418	1274	1144

三、内生性检验估计结果

考虑到一个城市的绿色全要素生产率越高，在一定程度上越会对金融资源产生潜在需求，进而提升所在城市的金融集聚程度，可能会使模型中的解释变量与被解释变量之间存在反向因果关系，从而导致模型产生内生性问题。鉴于此，本书分别选取三个工具变量来缓解基准计量模型存在的内生性问题。

第一个工具变量是参考卞元超等（2019）的做法，选取地级市的地形坡度均值（slo）作为金融集聚的工具变量，首先，地级市的地形坡度均值满足工具变量的"相关性"要求，由于地形复杂、地形起伏度较高的地段将会增加企业的交易成本和运输成本（李震等，2020），金融机构在选址时更加倾向于选择地形相对平坦的地段，因此，地形坡度较低的城市或区域的金融集聚程度更高；其次，地级市的地形坡度均值满足工具变量的"外生性"要求，地级市地形坡度的高低是自然地理上的客观事实，不会对绿色全要素生产率产生影响。各地级市的地形坡度均值数据是通过使用Arcgis10.2软件对中国科学院提供的90米分辨率的数字高程数据进行测算所得，由于地级市的地形坡度不随时间的变化而变化，属于截面数据，因此将各地级市的地形坡度均值与时间虚拟变量的交乘项作为本书的第一个工具变量。关于地形坡度均值这一工具变量的检验结果如表4-7的第（3）列所示，不可识别检验结果均强烈拒绝原假设，表明在样本总体、非资源型城市和资源型城市中均不存在不可识别问题。弱工具变量检验结果均大于临界值，表明在样本总体、非资源型城市和资源型城市中均不存在弱工具变量问题。过度识别检验结果均强烈拒绝原假设，表明在样本总体、非资源型城市和资源型城市中均不存在过度识别问题。采用地级市的地形坡度均值作为工具变量并采用两阶段最小二乘法进行重新回归，结果如表4-8所示，第（1）列、第（2）列和第（3）列的结果表明，在样本总体、非资源型城市和资源型城市中金融集聚（agg）回归系数的符号和显著性均没有发生明显变化，与基准回归结果保持一致。

表4-7　　　　　　　　　工具变量的检验结果

城市	检验类型		坡度均值作为工具变量	明代驿站数量作为工具变量	城市邮局数量作为工具变量
样本总体	不可识别检验	K-P LM 统计量	119.694	21.300	377.360
		P 值	0.000	0.067	0.000
	弱工具变量检验（C-D F 统计量）		97.26 (11.52)	15.68 (11.52)	32.97 (11.52)
	过度识别检验	Sargan 统计量	1554.554	678.802	218.933
		P 值	0.000	0.000	0.000

续表

城市	检验类型		坡度均值作为工具变量	明代驿站数量作为工具变量	城市邮局数量作为工具变量
非资源型城市	不可识别检验	K-P LM 统计量	84.973	40.819	221.92
		P 值	0.000	0.000	0.000
	弱工具变量检验（C-DF 统计量）		66.05 (11.52)	33.18 (11.52)	19.39 (11.52)
	过度识别检验	Sargan 统计量	768.869	450.259	76.566
		P 值	0.000	0.000	0.000
资源型城市	不可识别检验	K-P LM 统计量	103.503	39.070	22.242
		P 值	0.000	0.000	0.052
	弱工具变量检验（C-DF 统计量）		66.24 (11.52)	22.53 (11.52)	22.10 (11.52)
	过度识别检验	Sargan 统计量	657.403	450.474	148.120
		P 值	0.000	0.000	0.000

注：括号内为弱工具变量检验的临界值。

表 4-8　　内生性检验回归结果（一）

变量	地形坡度均值作为工具变量		
	样本总体	非资源型城市	资源型城市
	（1）	（2）	（3）
agg	0.240** (0.116)	0.308*** (0.109)	-1.656*** (0.400)
kl	0.734*** (0.056)	0.803*** (0.080)	0.821*** (0.089)
$mark$	-0.082* (0.043)	-0.065 (0.058)	-0.237*** (0.077)
fdi	-0.192 (0.166)	-0.145 (0.181)	-0.405 (0.413)
常数项	-2.078*** (0.295)	-2.551*** (0.413)	-1.111*** (0.371)
时间固定效应	NO	NO	NO
地区固定效应	NO	NO	NO
R^2	0.014	0.312	0.305
观测值	3354	1989	1365

第二个工具变量是参考李治国等（2022）的做法，选取明代驿站设立数量（pos）作为金融集聚的工具变量，首先，明代驿站设立数量满足工具变量的"相关性"要求，明朝时期驿站修缮的地址一般会选在地形比较平坦的位置，地形平坦的地段，金融资源的集聚规模也相对较大，因此，地级市在明代驿站的设立数量越多，现阶段的金融集聚程度越高；其次，地级市在明代驿站的设立数量满足工具变量的"外生性"要求，明代驿站属于历史数据，因此不会对绿色全要素生产率产生影响。各地级市在明代驿站设立数量的相关数据是由明代驿站的分布图与现代城市的地理位置相匹配得到的，由于地级市在明代驿站的设立数量不随时间的变化而变化，属于截面数据，因此将各地级市在明代驿站的设立数量与时间虚拟变量的交乘项作为本书的第二个工具变量。关于明代驿站的设立数量这一工具变量的检验结果如表4-7的第（4）列所示，不可识别检验结果均强烈拒绝原假设，表明在样本总体、非资源型城市和资源型城市中均不存在不可识别问题。弱工具变量检验结果均大于临界值，表明在样本总体、非资源型城市和资源型城市中均不存在弱工具变量问题。过度识别检验结果均强烈拒绝原假设，表明在样本总体、非资源型城市和资源型城市中均不存在过度识别问题。采用地级市在明代驿站的设立数量作为工具变量并采用两阶段最小二乘法进行重新回归，结果如表4-9所示，第（1）列、第（2）列和第（3）列的结果表明，在样本总体、非资源型城市和资源型城市中金融集聚（agg）回归系数的符号和显著性均没有发生明显的变化，与基准回归结果保持一致。

第三个工具变量是参考王军等（2022）的做法，选取地级市1984年的邮局数量（off）作为金融集聚的工具变量，首先，地级市的邮局数量满足工具变量的"相关性"要求，邮局数量较多的城市中，信息基础设施相对比较发达，金融机构在选址方面更加倾向于选择通信技术相对完善的城市，因此，地级市在1984年的邮局数量越多，现阶段的金融集聚程度越高；其次，各地级市的历史邮局数量满足工具变量的"外生性"要求，1984年的邮局数量属于历史数据，因此不会对绿色全要素生产率产生影响。

由于各地级市在 1984 年邮局数量不随时间的变化而变化,属于截面数据,因此将各地级市 1984 年邮局数量与时间虚拟变量的交乘项作为本书的第三个工具变量。关于各地级市 1984 年邮局数量这一工具变量的检验结果如表 4-7 的第(5)列所示,不可识别检验结果均强烈拒绝原假设,表明在样本总体、非资源型城市和资源型城市中均不存在不可识别问题。弱工具变量检验结果均大于临界值,表明在样本总体、非资源型城市和资源型城市中均不存在弱工具变量问题。过度识别检验结果均强烈拒绝原假设,表明在样本总体、非资源型城市和资源型城市中均不存在过度识别问题。采用各地级市 1984 年邮局数量作为工具变量并采用两阶段最小二乘法进行重新回归,结果如表 4-10 所示,第(1)列、第(2)列和第(3)列的结果表明,在样本总体、非资源型城市和资源型城市中金融集聚(agg)回归系数的符号和显著性均没有发生明显的变化,与基准回归结果保持一致。

表 4-9　　　　　　　　内生性检验回归结果(二)

变量	明代驿站数量作为工具变量		
	样本总体	非资源型城市	资源型城市
	(1)	(2)	(3)
agg	0.903*** (0.336)	0.476** (0.201)	-1.042* (0.588)
kl	0.870*** (0.093)	0.868*** (0.107)	0.770*** (0.093)
$mark$	-0.142** (0.060)	-0.089 (0.066)	-0.188** (0.082)
fdi	-0.169 (0.203)	-0.134 (0.193)	-0.372 (0.397)
常数项	-3.237*** (0.644)	-3.010*** (0.628)	-1.289*** (0.379)
时间固定效应	NO	NO	NO
地区固定效应	NO	NO	NO
R^2	0.061	0.261	0.023
观测值	3354	1989	1365

表 4-10　　　　　　　内生性检验回归结果（三）

变量	城市邮局数量作为工具变量		
	样本总体	非资源型城市	资源型城市
	（1）	（2）	（3）
agg	0.121** (0.059)	0.081* (0.062)	-1.905** (0.801)
kl	0.632*** (0.053)	0.680*** (0.075)	0.732*** (0.103)
mark	-0.009 (0.046)	-0.127** (0.054)	-0.192 (0.122)
fdi	-0.184 (0.160)	-0.170 (0.182)	-0.354 (0.467)
常数项	-1.364*** (0.240)	-1.467*** (0.347)	-0.596 (0.520)
时间固定效应	NO	NO	NO
地区固定效应	NO	NO	NO
R^2	0.055	0.054	0.265
观测值	3354	1989	1365

四、门槛效应检验估计结果

在基准计量模型的基础上，进一步将金融集聚和资源依赖作为门槛变量，分别检验当金融集聚程度和资源依赖程度不同时，对于样本总体、非资源型城市和资源型城市来说，金融集聚会对绿色全要素生产率产生怎样的影响。

首先，将金融集聚作为门槛变量时，回归结果如表 4-11 所示。对于样本总体来说，金融集聚对绿色全要素生产率的影响存在双门槛效应，门槛值分别为 0.317 和 0.485。当金融集聚小于 0.317 时，金融集聚的回归系数为 2.222，并且显著。当金融集聚介于 0.317 和 0.485 之间时，金融集聚的回归系数为 0.972，并且显著。当金融集聚大于 0.485 时，金融集聚的回归系数为 0.065，并且显著。这说明随着金融集聚程度的提升，金融集聚对绿色全要素生产率始终发挥着正向促进作用，并且这种促进作用随着金融集聚程度的提升而逐渐降低。在非资源型城市中,金融集聚对绿色全要素生产率的影响存在双门槛效应,门槛值分别为 0.312 和 0.480,当金融集聚小于 0.312 时,金融集聚的回归系数为 1.978,并且显著。当金融集聚介于 0.312 和 0.480 之间时,金融集聚的回归系数为 0.964,并且显著。当金融集聚大于 0.480 时,金融集聚的回归系数为 0.075,不显著。这说明随着金融集聚程度的提升,金融集聚对绿色全要素生产率始终发挥着正向促进作用,并且这种促进作用随着金融集聚程度的提升而逐渐降低。究其原因,是适度的金融集聚能够促进绿色全要素生产率的提升,但是随着金融集聚程度的进一步提高,将会产生一定的"拥堵效应",从而削弱金融集聚对绿色全要素生产率的促进作用。在资源型城市中,金融集聚对绿色全要素生产率的影响存在双门槛效应,门槛值分别为 0.383 和 0.455。当金融集聚小于 0.383 时,金融集聚的系数为 -1.472,并且显著。当金融集聚介于 0.383 和 0.455 之间时,金融集聚的系数为 0.378,不显著。当金融集聚大于 0.455 时,金融集聚的系数为 -0.631,并且显著。这说明当金融集聚低于 0.383 时,金融集聚会抑制绿色全要素生产率的提升。当金融集聚介于 0.383 和 0.455 之间时,金融集聚将会促进绿色全要素生产率的提升。当金融集聚大于 0.455 时,金融集聚会抑制绿色全要素生产率的提升。并且在表 4-1 变量的描述性统计中可以看出,将近 50% 的资源型城市中金融集聚的值都大于第二个门槛值 0.455,因此,在资源型城市中,金融集聚对绿色全要素生产率的影响总体上表现为抑制作用,与基准回归的结果保持一致。

表 4-11　　门槛效应检验回归结果——金融集聚为门槛

变量	金融集聚为门槛		
	样本总体	非资源型城市	资源型城市
	(1)	(2)	(3)
$agg < 0.317$	2.222*** (0.464)		
$0.317 < agg < 0.485$	0.972*** (0.287)		

续表

变量	金融集聚为门槛		
	样本总体	非资源型城市	资源型城市
	(1)	(2)	(3)
$agg > 0.485$	0.065* (0.037)		
$agg < 0.312$		1.978*** (0.575)	
$0.312 < agg < 0.480$		0.964** (0.371)	
$agg > 0.480$		0.075 (0.047)	
$agg < 0.383$			-1.472** (0.743)
$0.383 < agg < 0.455$			0.378 (0.577)
$agg > 0.455$			-0.631*** (0.223)
kl	0.900*** (0.057)	0.899*** (0.073)	0.878*** (0.087)
$mark$	-0.132*** (0.048)	-0.039*** (0.065)	-0.133* (0.075)
fdi	-0.222 (0.166)	-0.232 (0.174)	-0.357 (0.399)
常数项	-2.823*** (0.254)	-2.919*** (0.331)	-2.025*** (0.386)
观测值	3354	1989	1365

其次，将资源依赖作为门槛变量，回归结果如表4-12所示。在资源型城市中，当资源依赖作为门槛变量时，金融集聚对绿色全要素生产率的影响存在双门槛效应，门槛值分别为0.018和0.300。当资源依赖小于0.018时，金融集聚的回归系数为-0.032，不显著。当资源依赖介于

0.018 和 0.300 之间时,金融集聚的回归系数为 -0.813,并且显著。当资源依赖大于 0.300 时,金融集聚的回归系数为 -0.370,并且显著。这说明当资源依赖低于 0.018 时,金融集聚无法对绿色全要素生产率产生影响。当资源依赖介于 0.018 和 0.300 之间时,金融集聚将会抑制绿色全要素生产率的提升。当资源依赖大于 0.300 时,金融集聚将会抑制绿色全要素生产率的提升。这表明当资源依赖程度较高时,金融集聚会抑制绿色全要素生产率的提升。究其原因,是资源依赖会限制其他非资源产业的发展,不利于金融产业的发展,并且过度的资源依赖使得较低素质的劳动力通过简单的资源开发就能够在短期内获得较高的收益,无法促进劳动力市场高级化和区域创新能力的提升,不利于发挥金融集聚对绿色全要素生产率的促进作用。并且在表 4-12 变量的描述性统计中可以看出,超过 75% 资源型城市中资源依赖的值都大于第一个门槛值 0.018,因此,对于绝大多数资源型城市来说,金融集聚对绿色全要素生产率的影响总体上表现为抑制作用,与基准回归的结果保持一致。

表 4-12　　　　门槛效应检验回归结果——资源依赖为门槛

变量	资源依赖为门槛
	资源型城市
$res < 0.018$	-0.032 (0.312)
$0.018 < res < 0.300$	-0.813*** (0.214)
$res > 0.300$	-0.370* (0.190)
kl	0.928** (0.089)
$mark$	-0.206** (0.077)

续表

变量	资源依赖为门槛
	资源型城市
fdi	-0.385 (0.398)
常数项	-2.210*** (0.368)
观测值	1365

五、异质性检验估计结果

全样本基准回归结果表明，非资源型城市中金融集聚对绿色全要素生产率具有显著的促进作用，资源型城市中金融集聚对绿色全要素生产率具有显著的抑制作用。那么，对于不同的非资源型城市和资源型城市来说，这种影响作用是否存在？如果存在的话，对不同的非资源型城市和资源型城市的影响作用是否不同？因此，本书分别从以下三个角度进行异质性检验。

第一，考虑到各地级市经济发展水平的不同，是否会使得资源依赖视角下金融集聚对绿色全要素生产率的影响不同？根据各城市2007—2019年的人均GDP均值，将低于中位数的城市划分为经济发展水平较低的城市，将高于中位数的城市划分为经济发展水平较高的城市。

回归结果如表4-13所示，研究结果表明，对于非资源型城市来说，只有在经济发展水平较低的城市中，金融集聚能够显著促进绿色全要素生产率的提升，在经济发展水平较高的城市中，金融集聚对绿色全要素生产率的影响不显著。究其原因，是对于经济发展水平较高的城市来说，自身的绿色全要素生产率相对较高，处于绿色发展的中期阶段甚至是成熟阶段。此时，城市绿色全要素生产率的提升在一定程度上呈现边际递减的特征。因此，金融集聚对绿色全要素生产率的影响不显著。而对于经济发展水平较低的城市来说，这些城市正处于绿色发展的萌芽阶段或成长阶段。此时，绿色全要素生产率的提升具有后发优势，金融集聚能够促进创新发展、实现产业结构优化升级，最终实现绿色全要素生产率的提升。对于资源型城市来说，在经济发展水平较低和经济发展水平较高的城市中，金融集聚均会抑制绿色全要素生产率的提升，但是抑制作用不显著。

表 4-13　　　　　　　经济发展水平异质性检验回归结果

变量	非资源型城市		资源型城市	
	经济发展水平较低的城市	经济发展水平较高的城市	经济发展水平较低的城市	经济发展水平较高的城市
	（1）	（2）	（3）	（4）
agg	0.792*** (0.290)	0.048 (0.121)	-0.074 (0.755)	-0.040 (0.052)
kl	0.115 (0.198)	0.496*** (0.164)	0.135 (0.282)	-0.020 (0.082)
$mark$	-0.163* (0.095)	-0.024 (0.073)	-0.186*** (0.071)	0.064 (0.059)
fdi	-0.046 (0.148)	-0.091 (1.137)	-0.006 (0.366)	0.202 (0.514)
常数项	0.288 (0.701)	-0.958* (0.564)	0.704 (1.006)	1.056*** (0.310)
时间固定效应	YES	YES	YES	YES
地区固定效应	YES	YES	YES	YES
R^2	0.570	0.444	0.661	0.617
观测值	988	1001	689	676

第二，考虑到各地级市环境规制制度的不同，是否会使得资源依赖视角下金融集聚对绿色全要素生产率的影响不同？参考陈诗一等（2018）的做法，首先，手工搜集258个地级市2007—2019年的政府工作报告，并统计每一年每一个地级市政府报告的文字总数。其次，统计每一年每一个地级市所有政府报告中有关环境的相关词汇，相关词汇主要包括环境、环保、节能、减排、绿色、低碳、污染、二氧化硫、废水、废气、烟尘、粉尘等。最后，将每一年每一个地级市政府报告中关于环境的相关词汇总数

与每一年每一个地级市政府报告的文字总数之比作为环境规制的代理变量。其值越高，表明环境规制制度越严格，从而将非资源型城市和资源型城市分为环境规制较低和环境规制较高的城市。

回归结果如表 4-14 所示，研究结果表明，对于非资源型城市来说，只有在环境规制实施程度较低的城市中，金融集聚能够显著促进绿色全要素生产率的提升，在环境规制实施程度较高的城市中，金融集聚对绿色全要素生产率的影响不显著。究其原因，是较高环境规制的城市中由于实施了严格的环境规制制度，能够倒逼企业提高生产效率，减少生产过程中排放的废弃物。因此，环境规制制度对绿色全要素生产率存在一定的促进作用。也就是说，较高环境规制城市中的绿色全要素生产率相对较高，这就使得金融集聚在短时间内难以进一步发挥对绿色全要素生产率的促进作用。而在环境规制实施程度较低的城市中，环保部门能够协助金融机构进一步甄别出绿色、低碳的投资项目，吸引金融机构集聚，同时金融集聚对绿色全要素生产率的促进作用更加明显。对于资源型城市来说，在环境规制实施程度较低的城市中，金融集聚能够显著抑制绿色全要素生产率的提升，在环境规制实施程度较高的城市中，金融集聚对绿色全要素生产率的抑制作用不显著。其原因在于，在环境规制实施不严格的城市中，资源型产业面临的生产约束较低，不利于促进企业改进现有的生产技术，同时由于资本的逐利性，大部分金融资源流向资源型产业，从而使绿色全要素生产率进一步下降，此时金融集聚不仅不能促进绿色全要素生产率提升，反而对其产生抑制作用。

表 4-14　　　　　　　环境规制异质性检验回归结果

变量	非资源型城市		资源型城市	
	环境规制较低的城市	环境规制较高的城市	环境规制较低的城市	环境规制较高的城市
	(1)	(2)	(3)	(4)
agg	0.677*** (0.219)	0.098 (0.137)	-0.396** (0.177)	-0.165 (0.128)
kl	0.129 (0.170)	0.554*** (0.199)	0.773*** (0.120)	0.416*** (0.111)

续表

变量	非资源型城市		资源型城市	
	环境规制较低的城市	环境规制较高的城市	环境规制较低的城市	环境规制较高的城市
	(1)	(2)	(3)	(4)
mark	-0.145 (0.089)	-0.055 (0.081)	-0.067 (0.085)	0.329*** (0.114)
fdi	-0.317 (0.282)	0.024 (0.154)	-0.496 (0.711)	-0.330 (0.445)
常数项	0.037 (0.583)	-1.148* (0.677)	-1.782*** (0.491)	-0.734 (0.468)
时间固定效应	YES	YES	YES	YES
地区固定效应	YES	YES	YES	YES
R^2	0.489	0.518	0.100	0.111
观测值	988	1001	689	676

第三，考虑到各地级市环境污染程度的不同，是否会使得资源依赖视角下金融集聚对绿色全要素生产率的影响不同？参考吴建新等（2016）的做法，第一步，根据IPCC2006提供的转化因子与城市的年末用电总量来计算地级市消耗电能产生的碳排放量；第二步，根据城市中各类运输方式的客运、货运量的单位能源消耗与总的客运、货运量来计算城市交通产生的碳排放量；第三步，根据城市的集中供热量、热效率系数、原煤发热量系数以及IPCC2006提供的原煤碳排放系数来计算热能消耗产生的碳排放量；第四步，将电能、交通运输和热能产生的碳排放量进行加总，进而得到各城市的碳排放量。碳排放量的值越高，表示环境污染程度越高，从而将非资源型城市和资源型城市分为环境污染较低和环境污染较高的城市。

回归结果如表4-15所示，研究结果表明，对于非资源型城市来说，在环境污染程度较低的城市中，金融集聚能够显著促进绿色全要素生产率的提升，在环境污染程度较高的城市中，金融集聚对绿色全要素生产率的促进作用不显著。究其原因，是在环境污染较低的城市中，金融集聚的经济效益要更高一些，因此更容易吸引金融资源集聚，并且金融行业本身就具有绿色、清洁的特点,能够引导金融资源进一步流向绿色低碳的投资项目,从而促进绿色全要素生产率的提升。而在环境污染较高的城市中,金融集聚程度相对较低,外部规模经济效应不显著,并且高污染、高耗能的产业居多,金融资源集聚反而会促使高污染、高耗能企业扩大生产规模,使绿色全要素生产率进一步下降。对于资源型城市来说,在环境污染程度较低和环境污染程度较高的城市中,金融集聚均会抑制绿色全要素生产率的提升,但是抑制作用不显著。

表 4-15　　　　　　环境污染异质性检验回归结果

变量	非资源型城市		资源型城市	
	环境污染较低的城市	环境污染较高的城市	环境污染较低的城市	环境污染较高的城市
	(1)	(2)	(3)	(4)
agg	0.988*** (0.381)	0.033 (0.086)	-0.225 (0.600)	-0.100 (0.074)
kl	0.052 (0.255)	0.393*** (0.112)	0.835*** (0.135)	0.303*** (0.078)
$mark$	-0.188* (0.101)	-0.048 (0.056)	-0.067 (0.096)	0.388*** (0.087)
fdi	0.018 (0.178)	-0.271 (0.197)	-0.360 (0.530)	-0.461 (0.636)
常数项	0.577 (0.891)	-0.499 (0.393)	-2.052*** (0.598)	-0.412 (0.319)
时间固定效应	YES	YES	YES	YES
地区固定效应	YES	YES	YES	YES
R^2	0.586	0.499	0.093	0.160
观测值	988	1001	689	676

本章小结

为了检验资源依赖视角下金融集聚对绿色全要素生产率产生的影响效

应,本章采用 2007—2019 年我国 153 个非资源型城市和 105 个资源型城市的宏观面板数据,构建静态面板模型和面板门槛模型进行回归,得到以下几个重要结论:

第一,基准模型的回归结果表明:对于样本总体来说,金融集聚能够促进绿色全要素生产率的提升。进一步,将样本总体划分为非资源型城市和资源型城市时,在非资源型城市中,金融集聚能够促进绿色全要素生产率的提升,在资源型城市中,金融集聚将会抑制绿色全要素生产率的提升。同时进行了一系列稳健性检验以确保基准回归结果的稳健性,并进行了一系列内生性检验以缓解模型可能存在的内生性问题。

第二,面板门槛模型的回归结果表明:通过以金融集聚为门槛的面板门槛模型回归可以看出,对于样本总体来说,金融集聚对绿色全要素生产率的影响存在双门槛效应,当金融集聚小于第一个门槛值、介于第一个门槛值和第二个门槛值之间以及大于第二个门槛值时,金融集聚均能够促进绿色全要素生产率的提升,并且这种促进作用随着金融集聚程度的提升而逐渐下降。进一步,将样本总体划分为非资源型城市和资源型城市时,在非资源型城市中,金融集聚对绿色全要素生产率的影响存在双门槛效应,当金融集聚小于第一个门槛值、介于第一个门槛值和第二个门槛值之间以及大于第二个门槛值时,金融集聚均能够促进绿色全要素生产率的提升,并且这种促进作用随着金融集聚程度的提升而逐渐下降。在资源型城市中,金融集聚对绿色全要素生产率的影响存在双门槛效应,当金融集聚小于第一个门槛值时,金融集聚对绿色全要素生产率存在显著的抑制作用。当金融集聚介于第一个门槛值和第二个门槛值之间时,金融集聚能够促进绿色全要素生产率的提升,但是促进作用不显著。当金融集聚大于第二个门槛值时,金融集聚能够显著抑制绿色全要素生产率的提升。结合资源型城市的金融集聚程度来看,大部分资源型城市的金融集聚程度要大于第二个门槛值,也就是说,在资源型城市中,金融集聚对绿色全要素生产率的影响整体上呈抑制作用。进一步,将资源依赖作为门槛变量的面板门槛模型回归结果表明,在资源型城市中,金融集聚对绿色全要素生产率的影响存在双门槛效应,当资源依赖小于第一个门槛值时,金融集聚对绿色全要素生产率的抑制作用不显著。当资源依赖介于第一个门槛值和第二个门槛值之间时,金融集聚能够显著抑制绿色全要素生产率的提升。当资源依赖大于第二个门槛值时,金融集聚能够显著抑制绿色全要素生产率提升。结合资源型城市的资源依赖程度来看,大部分资源型城市的资源依赖程度要大于第一个门槛值,也就是说,在资源型城市中,金融集聚对于绿色全要素生产率的影响整体上呈抑制作用。

第三,异质性检验的回归结果表明:当各地级市的经济发展水平、环境规制程度以及环境污染程度不同时,非资源型城市和资源型城市中金融集聚对绿色全要素生产率的影响也会不同。具体来说,经济发展水平异质性检验的回归结果表明,对于非资源型城市来说,只有在经济发展水平较低的城市中,金融集聚能够显著促进绿色全要素生产率的提升,在经济发展水平较高的城市中,金融集聚对绿色全要素生产率的促进作用不显著。对于资源型城市来说,在经济发展水平较低和经济发展水平较高的城市中,金融集聚均会抑制绿色全要素生产率的提升,但是抑制作用不显著。环境规制程度异质性检验的回归结果表明,对于非资源型城市来说,只有在环境规制实施程度较低的城市中,金融集聚能够显著促进绿色全要素生产率的提升,在环境规制实施程度较高的城市中,金融集聚对绿色全要素生产率的促进作用不显著。对于资源型城市来说,在环境规制实施程度较低的城市中,金融集聚能够显著抑制绿色全要素生产率的提升,在环境规制实施程度较高的城市中,金融集聚对绿色全要素生产率的抑制作用不显著。环境污染程度异质性检验的回归结果表明,对于非资源型城市来说,在环境污染程度较低的城市中,金融集聚能够显著促进绿色全要素生产率的提升,在环境污染程度较高的城市中,金融集聚对绿色全要素生产率的促进作用不显著。对于资源型城市来说,在环境污染程度较低和环境污染程度较高的城市中,金融集聚均会抑制绿色全要素生产率的提升,但是抑制作用不显著。

第五章

资源依赖视角下金融集聚对绿色全要素生产率影响渠道的实证研究

本书的第二章从理论层面上分析了资源依赖视角下金融集聚影响绿色全要素生产率的中介渠道，一般而言，金融集聚能够通过促进城市创新能力的提升、劳动力市场高级化以及产业结构高级化，进而实现绿色全要素生产率的提升。但是在资源型城市中，资源依赖会对技术创新、高素质劳动力产生"挤出效应"，资源型产业"一业独大"导致产业结构单一僵化，同时资本的逐利性使得金融资源倾向于向资源型产业流动，进而使得绿色全要素生产率下降。第三章从现状层面上描述了资源依赖视角下金融集聚影响绿色全要素生产率中介路径的事实特征，发现在非资源型城市和资源型城市中，金融集聚与城市创新能力、劳动力市场高级化、产业结构高级化均呈正相关关系。城市创新能力、劳动力市场高级化、产业结构高级化与绿色全要素生产率均呈正相关关系。为了对理论分析和现状描述进行验证，本章从城市创新能力、劳动力市场以及产业结构这三个视角出发，构建中介效应模型对资源依赖视角下金融集聚对绿色全要素生产率的影响机理进行实证检验。

第一节　模型构建、变量选取以及数据来源

一、模型构建

为进一步考察资源依赖视角下金融集聚对绿色全要素生产率影响的传导渠道，构建如下中介效应模型，见式（5-1）、式（5-2）和式（5-3）。

$$GTFP_{i,t} = \beta_0 + \beta_1 \times agg_{i,t} + \theta_1 \times X_{i,t} + \varepsilon_{i,t} \quad (5-1)$$

$$M_{i,t} = \alpha_0 + \alpha_1 \times agg_{i,t} + \theta_2 \times X_{i,t} + \varepsilon_{i,t} \quad (5-2)$$

$$GTFP_{i,t} = \beta_0 + \beta_1 \times agg_{i,t} + \beta_2 \times M_{i,t} + \theta_3 \times X_{i,t} + \varepsilon_{i,t} \quad (5-3)$$

其中，M 表示中介变量，本书主要从城市创新能力、劳动力市场高级化以及产业结构高级化三方面予以考虑。在式（5-1）、式（5-2）以及式（5-3）中，中介效应主要通过两方面体现：一是式（5-2）中金融集聚对

中介变量是否存在显著影响,二是在式(5-1)的基础上加入中介变量后,考察式(5-3)的估计结果中金融集聚回归系数是否显著,并且是否要小于式(5-1)估计结果中金融集聚的回归系数。当式(5-1)、式(5-2)、式(5-3)估计结果中金融集聚的回归系数均显著,并且式(5-3)中金融集聚的回归系数小于式(5-1)中金融集聚的回归系数时,说明中介变量在金融集聚影响绿色全要素生产率的过程中发挥着部分中介效应。

二、变量选取

本书主要是从推动城市创新能力提高,促进劳动力市场高级化和产业结构高级化三个视角来分析金融集聚影响绿色全要素生产率的渠道,所以本书选取的中介变量分别是城市创新能力(inv)、劳动力市场高级化(lab)以及产业结构高级化(ind)。

(1)城市创新能力(inv),考虑到专利是创新活动下的直接产出,专利申请数量只能代表创新的积极性,本书参考张杰等(2016)的做法,选取专利授权数量来表示所在城市的创新能力。

(2)劳动力市场高级化(lab),劳动力市场高级化反映的是受教育较低的人群在总人力资本中所占的比重越来越低,受教育较高的人群在总人力资本中所占的比重越来越高。考虑到数据的可得性,先计算省级层面的劳动力市场高级化,本书参考刘智勇等(2018)的做法来衡量劳动力市场高级化,具体的计算方式为:首先,将每个省份的人口按照受教育程度划分为未上过学、小学学历、初中学历、高中学历和大学专科学历及以上这五类,并计算每一类人力资本占总人力资本的比重,分别将这五类比重作为五维向量的一个分量,从而得到人力资本的五维向量 X_0;其次,设置五个基准向量分别为 $X_1=(1,0,0,0,0)$,$X_2=(0,1,0,0,0)$,$X_3=(0,0,1,0,0)$,$X_4=(0,0,0,1,0)$,$X_5=(0,0,0,0,1)$,然后分别计算第一步中设置的五维向量 X_0 与 X_1、X_2、X_3、X_4、X_5 的夹角 θ_j,计算公式为式(5-4);最后,计算省级层面的劳动力市场高级化,

设置权重 W_j 分别为 5、4、3、2、1，计算公式为式（5-5）。lab 的值越大，表示劳动力市场高级化程度越高。由于本书使用的数据是地级市层面的数据，因此参考骆莙函（2021）的做法，将地级市高等学校在校生人数占本省高等学校在校生人数的比值与省级层面劳动力市场高级化的乘积作为地级市层面的劳动力市场高级化。

$$\theta_j = \arccos\left\{\sum_{i=1}^{5}(x_{j,i} \times x_{0,i}) \bigg/ \left[\left(\sum_{i=1}^{5} x_{j,i}^2\right)^{1/2} \times \left(\sum_{i=1}^{5} x_{0,i}^2\right)^{1/2}\right]\right\} \quad (5-4)$$

$$lab = \sum_{j=1}^{5}(W_j \times \theta_j) \quad (5-5)$$

（3）产业结构高级化（ind）。产业结构高级化能够准确反映一个城市三个产业之间由低到高的动态演变过程，是产业结构升级优化的重要维度。本书参考付凌晖（2010）的做法来衡量城市产业结构高级化，这种衡量方法能够表示一个城市的产业由第一产业占比较高逐渐向第二产业和第三产业占比较高演进，具体的计算方法为：首先，构造一组向量 $X = (x_{1,0}, x_{2,0}, x_{3,0})$，其中 $x_{1,0}$、$x_{2,0}$、$x_{3,0}$ 分别表示三个产业增加值占 GDP 的比重；其次，分别计算向量 X 与第一产业向量 $X_1(1, 0, 0)$、第二产业向量 $X_2(0, 1, 0)$、第三产业向量 $X_3(0, 1, 0)$ 的夹角 θ_1、θ_2、θ_3，计算公式为式（5-6）；最后，计算产业结构高级化，计算公式为式（5-7）。ind 的值越大，表示产业结构高级化程度越高。变量的描述性统计如表 5-1 所示。

$$\theta = \arccos\left\{\sum_{i=1}^{3} x_{i,j} \times x_{i,0} \bigg/ \left[\sum_{i=1}^{3}(x_{i,j}^2)^{1/2} \times \sum_{i=1}^{3}(x_{i,0}^2)^{1/2}\right]\right\} \quad (5-6)$$

$$ind = \sum_{k=1}^{3}\sum_{j=1}^{k} \theta_j \quad (5-7)$$

表 5-1　　　　　　　　　　变量的描述性统计

	var	obs	mean	sd	min	max
	inv	1989	7.233	1.833	1.609	12.020
非资源型城市	lab	1989	2.389	2.760	0.000	13.153
	ind	1989	0.459	0.100	0.107	0.821

续表

	var	obs	mean	sd	min	max
资源型城市	inv	1365	6.146	1.340	1.792	9.835
	lab	1365	1.055	2.542	0.000	13.245
	ind	1365	0.505	0.118	0.019	0.910

三、数据来源

本书的样本研究期间为2007—2019年，鉴于数据的可得性，最终得到的研究样本包含我国258个地级市，在此基础上，根据《全国资源型城市可持续发展规划（2013—2020年）》将258个城市划分为105个资源型城市和153个非资源型城市。地级市的专利授权数据来自国家专利网站，其余研究数据来源于《中国城市统计年鉴》和《中国统计年鉴》。对于样本研究期间的缺失数据均采取插值法对其进行填充，最后一期2019年的缺失数据通过趋势外推法得到。

第二节 资源依赖视角下金融集聚对绿色全要素生产率的影响渠道

本书使用中介效应模型来检验资源依赖视角下金融集聚影响绿色全要素生产率的渠道，分别将城市创新能力、劳动力市场高级化和产业结构高级化作为中介变量。

一、金融集聚—城市创新能力—绿色全要素生产率

将城市的创新能力作为中介变量进行回归，回归结果如表5-2所示。回归结果表明，对于非资源型城市来说，在第（2）列中，金融集聚

(agg) 的系数显著为正,这说明在非资源城市中金融集聚有利于促进城市创新能力的提升,金融集聚在一定程度上可以降低企业的交易成本,使企业有足够的资金从事创新活动,促进城市整体创新能力的提升。在第(3)列中,金融集聚(agg) 的系数显著为正,城市创新能力(inv) 的系数显著为正,并且第(3) 列中金融集聚(agg) 的回归系数(0.273) 要小于第(1) 列中金融集聚(agg) 的回归系数(0.284),这说明城市创新能力在金融集聚影响绿色全要素生产率的过程中发挥着部分中介的作用。金融集聚通过促进城市整体创新能力的提升,能够使企业改进原有的生产技术,减少污染物的排放,实现企业生产经营过程的"全绿化",进而促进绿色全要素生产率的提升。而对于资源型城市来说,在第(5) 列中金融集聚(agg) 的系数显著为正,这说明在资源型城市中金融集聚有利于促进城市创新能力的提升。但是,在第(4) 列和第(6) 列中,金融集聚(agg) 的系数显著为负,并且第(6) 列中金融集聚(agg) 的系数绝对值要大于第(4) 列中金融集聚(agg) 的系数绝对值,城市创新能力无法发挥中介效应。其原因在于,一方面,由于资源型城市中整体的金融集聚程度较低,虽然对创新能力具有促进作用,但不足以促使资源型城市摆脱长期以来对自然资源的依赖,而且对资源的过度依赖使企业家通过从事简单的资源开采活动就能够在短时间内获取较高的收益,企业家从事创新活动的积极性不高,会对创新要素产生"挤出效应",不利于长期内实现区域创新能力的提升,从而无法实现城市绿色全要素生产率的提升。另一方面,资源型城市中金融资源的集聚使一部分资金流向资源型产业,更加剧了生产效率低下和环境污染问题,从而抑制绿色全要素生产率的提升。

表 5-2　　　　　金融集聚的创新效应检验回归结果

变量	非资源型城市			资源型城市		
	(1)	(2)	(3)	(4)	(5)	(6)
	GTFP	inv	GTFP	GTFP	inv	GTFP
agg	0.284**	0.139***	0.273**	-0.275***	0.570***	-0.317***
	(0.114)	(0.035)	(0.115)	(0.104)	(0.120)	(0.105)

续表

变量	非资源型城市			资源型城市		
	(1)	(2)	(3)	(4)	(5)	(6)
	GTFP	inv	GTFP	GTFP	inv	GTFP
inv			0.083* (0.077)			0.096** (0.041)
kl	0.313** (0.126)	0.055 (0.038)	0.309** (0.126)	0.707*** (0.079)	1.397*** (0.027)	0.602*** (0.091)
mark	-0.124** (0.056)	-0.001 (0.017)	-0.124** (0.056)	-0.126* (0.067)	-0.042* (0.023)	-0.123* (0.067)
fdi	-0.059 (0.136)	-0.131*** (0.042)	-0.048 (0.137)	-0.330 (0.389)	-0.146 (0.117)	-0.314 (0.388)
常数项	-0.380 (0.433)	5.475*** (0.133)	-0.833 (0.603)	-1.510*** (0.334)	-0.334** (0.168)	-1.614*** (0.336)
时间固定效应	YES	YES	YES	YES	YES	YES
地区固定效应	YES	YES	YES	YES	YES	YES
R^2	0.501	0.846	0.502	0.093	0.704	0.096
观测值	1989	1989	1989	1365	1365	1365

注：*、**、*** 分别表示在10%、5%和1%的水平下显著；括号内为统计标准误。以下各表同。

二、金融集聚—劳动力市场高级化—绿色全要素生产率

将劳动力市场高级化作为中介变量进行回归，回归结果如表5-3所示。回归结果表明，对于非资源型城市来说，在第（2）列中，金融集聚（agg）的系数显著为正，这说明在非资源型城市中金融集聚有利于促进劳动力市场高级化，金融集聚在一定程度上可以吸引高素质的劳动力集聚，并且随着集聚区域内企业之间竞争的加剧，将会逐渐提高企业对劳动力素质的需求，使劳动力市场高级化。在第（3）列中，金融集聚（agg）的系数显著为正，并且第（3）列中金融集聚（agg）的回归系数（0.215）要小于第（1）列中金融集聚（agg）的回归系数（0.284），这说明劳动

力市场高级化在金融集聚影响绿色全要素生产率的过程中发挥着部分中介的作用。金融集聚有利于吸引高素质劳动力集聚，促进城市劳动力市场高级化。一方面，高素质劳动力更有利于绿色技术的研发和创新；另一方面，高素质劳动力较容易应用新引进的绿色技术，推动企业的生产经营逐步向高端、绿色模式转化，实现生产率提升和环境质量改善的"双赢"，进而有助于推动绿色全要素生产率的提升。而对于资源型城市来说，在第（5）列中，金融集聚（agg）的系数显著为正，这说明在资源城市中金融集聚有利于促进劳动力市场高级化。但是，在第（4）列和第（6）列中，金融集聚（agg）的系数显著为负，第（6）列中金融集聚（agg）的系数绝对值要小于第（4）列中金融集聚（agg）的系数绝对值，劳动力市场高级化无法发挥中介效应。其原因在于，一方面，由于资源型城市中整体的金融集聚程度较低，虽然对劳动力市场高级化有促进作用，但不足以促使资源型城市摆脱长期以来对自然资源的依赖，而且对资源的过度依赖，企业家可以通过简单的资源开采活动获取收益，资源开采活动不需要太高的学历，高素质劳动力无法获取超额收益，这在一定程度上降低了人们接受高素质教育的积极性，从而对高素质人力资本产生"挤出效应"，不利于长期内实现劳动力市场高级化，从而无法实现城市绿色全要素生产率的提升。另一方面，资源型城市中金融资源的集聚使一部分资金流向资源型产业，进一步加剧了对高素质劳动力的"挤出效应"，导致生产效率低下和环境污染，从而抑制绿色全要素生产率的提升。

表5-3　　　　　金融集聚的劳动力市场效应检验回归结果

变量	非资源型城市			资源型城市		
	（1）	（2）	（3）	（4）	（5）	（6）
	$GTFP$	lab	$GTFP$	$GTFP$	lab	$GTFP$
agg	0.284** (0.114)	0.501*** (0.090)	0.215*** (0.115)	-0.275*** (0.104)	1.128*** (0.275)	-0.273** (0.108)
lab			0.061** (0.030)			-0.001 (0.020)

续表

变量	非资源型城市			资源型城市		
	(1)	(2)	(3)	(4)	(5)	(6)
	$GTFP$	lab	$GTFP$	$GTFP$	lab	$GTFP$
kl	0.313** (0.126)	-0.453*** (0.099)	0.286** (0.126)	0.707*** (0.079)	0.457*** (0.103)	0.708*** (0.079)
$mark$	-0.124** (0.056)	-0.046 (0.044)	-0.127** (0.056)	-0.126* (0.067)	0.006 (0.089)	-0.126* (0.067)
fdi	-0.059 (0.136)	-0.045 (0.108)	-0.062 (0.136)	-0.330 (0.389)	-0.154 (0.455)	-0.331 (0.389)
常数项	-0.380 (0.433)	2.946*** (0.342)	-0.199 (0.442)	-1.510*** (0.334)	-1.620*** (0.480)	-1.512*** (0.335)
时间固定效应	YES	YES	YES	YES	YES	YES
地区固定效应	YES	YES	YES	YES	YES	YES
R^2	0.501	0.105	0.503	0.093	0.301	0.093
观测值	1989	1989	1989	1365	1365	1365

三、金融集聚—产业结构高级化—绿色全要素生产率

将产业结构高级化作为中介变量进行回归,回归结果如表 5-4 所示。回归结果表明,对于非资源型城市来说,在第(2)列中,金融集聚(agg)的系数显著为正,这说明在非资源城市中金融集聚有利于促进产业结构高级化,金融集聚能够提高金融机构对投资相关信息整合处理的效率,可以筛选出高效、节能、绿色的企业,在一定程度上能够优化资源配置效率,引导资金向效率较高、污染较低的产业流动,从而促进产业结构高级化。在第(3)列中,金融集聚(agg)的系数显著为正,并且第(3)列中金融集聚(agg)的回归系数(0.283)要小于第(1)列中金融集聚(agg)的回归系数(0.284),这说明产业结构高级化在金融集聚影响绿色全要素生产率的过程中发挥着部分中介的作用。金融集聚有利于促进城市产业结构高级化,产业结构升级意味着效率较低、污染较高的产业

逐渐被淘汰，生产效率逐渐提高，环境污染问题逐渐得到缓解，从而使绿色全要素生产率得以提升。而对于资源型城市来说，在第（5）列中，金融集聚（agg）的系数显著为正，这说明在资源型城市中金融集聚有利于促进产业结构高级化。但是，在第（4）列和第（6）列中，金融集聚（agg）的系数为负，产业结构高级化无法发挥中介效应。其原因在于，一方面，由于资源型城市中整体的金融集聚程度较低，虽然对产业结构高级化有促进作用，但不足以促使资源型城市摆脱长期以来对自然资源的依赖，而且对资源的过度依赖，资源型城市逐渐形成路径依赖模式，大部分生产要素都向资源型产业流动，不利于长期内实现产业结构高级化，从而无法实现城市绿色全要素生产率的提升。另一方面，资源型城市中金融资源的集聚使一部分资金流向资源型产业，进一步抑制了产业结构实现高级化，不利于生产效率的提升，不利于改善环境污染问题，从而抑制绿色全要素生产率的提升。

表 5 - 4　　　　　　金融集聚的产业结构效应检验回归结果

变量	非资源型城市			资源型城市		
	（1）	（2）	（3）	（4）	（5）	（6）
	$GTFP$	ind	$GTFP$	$GTFP$	ind	$GTFP$
agg	0.284 ** (0.114)	0.026 *** (0.005)	0.283 ** (0.114)	-0.275 *** (0.104)	0.085 *** (0.012)	-0.023 (0.108)
ind			1.208 * (0.655)			-3.039 *** (0.432)
kl	0.313 ** (0.126)	-0.038 *** (0.003)	0.273 ** (0.128)	0.707 *** (0.079)	-0.056 *** (0.003)	0.665 *** (0.078)
$mark$	-0.124 ** (0.056)	-0.002 (0.002)	-0.123 ** (0.056)	-0.126 * (0.067)	0.003 (0.003)	-0.155 ** (0.066)
fdi	-0.059 (0.136)	0.012 ** (0.006)	-0.060 (0.136)	-0.330 (0.389)	0.034 ** (0.013)	-0.303 (0.382)
常数项	-0.380 (0.433)	0.595 *** (0.011)	-0.799 (0.489)	-1.510 *** (0.334)	0.703 *** (0.017)	0.096 (0.400)
时间固定效应	YES	YES	YES	YES	YES	YES
地区固定效应	YES	YES	YES	YES	YES	YES

续表

变量	非资源型城市			资源型城市		
	(1)	(2)	(3)	(4)	(5)	(6)
	GTFP	ind	GTFP	GTFP	ind	GTFP
R^2	0.501	0.142	0.502	0.093	0.071	0.117
观测值	1989	1989	1989	1365	1365	1365

本章小结

为了检验资源依赖视角下金融集聚对绿色全要素生产率的影响渠道，本章采用 2007—2019 年我国 153 个非资源型城市和 105 个资源型城市的宏观面板数据，构建中介效应模型进行回归，得到以下几个重要结论：

第一，关于金融集聚—城市创新能力—绿色全要素生产率的回归结果表明：对于非资源型城市来说，金融集聚能够通过促进城市创新能力的提升，进一步促进绿色全要素生产率的提升。而对于资源型城市来说，虽然金融集聚能够促进城市创新能力提升，但是，金融集聚对城市创新能力的促进作用不足以带动绿色全要素生产率的提升。

第二，关于金融集聚—劳动力市场高级化—绿色全要素生产率的回归结果表明：对于非资源型城市来说，金融集聚能够通过促进劳动力市场高级化，进一步促进绿色全要素生产率的提升。而对于资源型城市来说，虽然金融集聚能够促进劳动力市场高级化，但是，金融集聚对劳动力市场高级化的促进作用不足以带动绿色全要素生产率的提升。

第三，关于金融集聚—产业结构高级化—绿色全要素生产率的回归结果表明：对于非资源型城市来说，金融集聚能够通过促进产业结构高级化，进一步促进绿色全要素生产率的提升。而对于资源型城市来说，虽然金融集聚能够促进产业结构高级化，但是，金融集聚对产业结构高级化的促进作用不足以带动绿色全要素生产率的提升。

第六章

资源依赖视角下金融集聚对绿色全要素生产率空间溢出效应的实证研究

第六章 资源依赖视角下金融集聚对绿色全要素生产率空间溢出效应的实证研究

地理学第一定律认为，所有事物均与其他事物相联系，且邻近的事物比较远的事物联系更加紧密。所以，一个城市的金融集聚不仅可以影响所在城市的绿色全要素生产率，还可能对其周边邻近城市的绿色全要素生产率产生一定的空间溢出效应，即一个城市的金融集聚可以影响其周边邻近城市的绿色全要素生产率。本书的第二章从理论层面上分析了资源依赖视角下金融集聚影响绿色全要素生产率的空间溢出效应，一般而言，金融集聚能够对周边邻近地区的绿色全要素生产率产生正向溢出效应和负向溢出效应，空间溢出效应的正负取决于正向溢出效应和负向溢出效应的大小。但是在区分非资源型城市和资源型城市时，非资源型城市要比资源型城市更易于对周边邻近地区产生空间溢出效应。第三章从现状层面上描述了资源依赖视角下金融集聚影响绿色全要素生产率的空间机理，发现无论是非资源型城市还是资源型城市，金融集聚与绿色全要素生产率在空间维度上既存在一致性，同时也存在错位性。本章为了对理论分析和现状描述进行验证，首先，使用全局莫兰指数和局部莫兰指数来考察金融集聚和绿色全要素生产率的空间集聚特征。其次，构建单区制空间杜宾模型检验金融集聚对绿色全要素生产率产生的空间溢出效应。最后，构建两区制空间杜宾模型检验资源依赖视角下金融集聚对绿色全要素生产率产生的空间溢出效应。

第一节 空间权重矩阵的构建

在进行空间相关性检验之前，首先要构造空间权重矩阵，参考李晓静等（2021）、曹静韬等（2022）的做法，本书分别构建以下四种空间权重矩阵：第一种是邻接空间权重矩阵，选用这种空间权重矩阵的原因在于，两个相邻城市之间会产生空间溢出效应；第二种是地理距离空间权重矩阵，选用这种空间权重矩阵的原因在于，地理位置越近，各城市之间的交流和互动越密切，空间溢出效应越明显；第三种是经济距离空间权重矩阵，选用这种空间权重矩阵的原因在于，金融集聚的空间溢出效应除了具有地理距离属性以外，在经济发展水平相当的城市之间，其金融集聚也会呈现跨区域的空间相关性；第四种是经济－地理嵌套空间权重矩阵，选用这种空间权重矩阵的原因在于，随着现代经济的快速发展，各地区之间的相互影响不仅会受到地理距离的限制，还会受到与其经济发展较为相近城市的影响，因此，综合地理距离和经济发展的影响构建经济－地理嵌套空间权重矩阵。四种空间权重矩阵具体的构造方式如下：

$$\text{邻接空间权重矩阵：} W_1 = \begin{cases} 0, i \text{ 和 } j \text{ 不相邻} \\ 1, i \text{ 和 } j \text{ 相邻} \end{cases}$$

$$\text{地理距离空间权重矩阵：} W_2 = \begin{cases} 0, i = j \\ \dfrac{1}{d_{ij}^2}, i \neq j \end{cases}$$

$$\text{经济距离空间权重矩阵：} W_3 = \begin{cases} 0, i = j \\ \dfrac{1}{|GDP_i - GDP_j|}, i \neq j \end{cases}$$

经济－地理嵌套空间权重矩阵：

$$W_4 = \begin{cases} 0, i = j \\ W_3 \times \text{diag}\left(\dfrac{\overline{GDP_1}}{\overline{GDP}}, \dfrac{\overline{GDP_2}}{\overline{GDP}} \cdots \dfrac{\overline{GDP_i}}{\overline{GDP}}\right), i \neq j \end{cases}$$

其中，地理距离空间权重矩阵 W_2 中的 d_{ij} 代表城市 i 和城市 j 之间的地理距离，经济距离空间权重矩阵 W_3 中的 GDP_i 代表城市 i 的生产总值，经济－地理嵌套空间权重矩阵 W_4 中的 $\overline{GDP_i}$ 表示城市 i 样本研究期间 GDP 的平均值，$\overline{GDP}$ 表示所有样本城市样本研究期间 GDP 的平均值。

第二节 空间相关性检验

在使用空间计量模型进行实证检验之前，首先要考察金融集聚和绿色全要素生产率是否存在空间依赖,本书采用全局莫兰指数(Moran's I)来衡量金融集聚和绿色全要素生产率是否存在空间自相关性。由于将2007年作为研究基期,设定2007年各地级市的绿色全要素生产率均为1,无须对2007年的绿色全要素生产率进行空间自相关检验,因此,主要是计算2008—2019年金融集聚和绿色全要素生产率的全局莫兰指数。

在此,主要选用地理距离空间权重矩阵,计算2008—2019年金融集聚和绿色全要素生产率的全局莫兰指数。计算结果如表6-1所示,结果显示,2008—2019年金融集聚(agg)的莫兰指数均显著为正,除2009年、2013年和2015年绿色全要素生产率($GTFP$)的莫兰指数不显著之外,其他年份绿色全要素生产率($GTFP$)的莫兰指数均显著为正。说明金融集聚和绿色全要素生产率确实存在显著的正向空间自相关性,同时也证明了本书构建空间计量模型来检验资源依赖视角下金融集聚对绿色全要素生产率产生的空间溢出效应的必要性。

表6-1　　金融集聚与绿色全要素生产率的全局莫兰指数

年份	agg			$GTFP$		
	莫兰指数	Z值	P值	莫兰指数	Z值	P值
2008	0.239	14.012	0.000	0.022	1.370	0.085
2009	0.229	13.236	0.000	-0.018	-0.826	0.204
2010	0.233	13.298	0.000	0.057	3.284	0.001
2011	0.230	13.150	0.000	0.057	3.284	0.001
2012	0.230	13.077	0.000	0.057	3.284	0.001
2013	0.238	13.373	0.000	-0.001	0.451	0.451
2014	0.236	13.226	0.000	0.031	2.020	0.022
2015	0.197	11.648	0.000	0.011	0.910	0.181
2016	0.208	12.070	0.000	0.037	2.196	0.014
2017	0.204	11.597	0.000	0.033	1.947	0.026
2018	0.213	12.076	0.000	0.023	1.482	0.069
2019	0.217	12.127	0.000	0.024	1.458	0.072

考虑到全局莫兰指数只能反映金融集聚与绿色全要素生产率是否在空间上表现出集聚的特征，而无法反映所在城市的金融集聚和绿色全要素生产率与周边邻近城市的空间差异，本书进一步引入2008年和2018年的局部莫兰指数来考察金融集聚和绿色全要素生产率的空间差异，2008年和2018年金融集聚的局部莫兰指数散点图如图6-1所示，2008年和2018年绿色全要素生产率的局部莫兰指数散点图如图6-2所示。局部莫兰指数散点图的第一象限是"高—高"集聚区，在这一象限内的各城市无论是自身还是周边邻近城市的金融集聚和绿色全要素生产率均比较高，各城市之间的空间差异性较小。第二象限是"低—高"集聚区，在这一象限内的各城市自身的金融集聚和绿色全要素生产率均比较低，并且周边邻近城市对其的辐射带动作用也比较低，各城市之间的空间差异性较大。第三象限是"低—低"集聚区，在这一象限内的各城市自身的金融集聚和绿色全要素生产率均比较低，各城市之间的空间差异性较小。第四象限是"高—低"集聚区，在这一象限内的各城市自身的金融集聚和绿色全要素生产率均比较高，但是其对周边邻近城市的辐射带动作用比较低，各城市之间的空间差异性较大。2008年和2018年各地级市的金融集聚和绿色全要素生产率主要位于第一象限和第三象限，空间集聚特点明显，说明金融集聚与绿色全要素生产率均具有明显的正向空间自相关性，各城市之间的空间差异较小，并且位于第一象限的城市对其周边邻近城市具有较强的空间辐射作用。

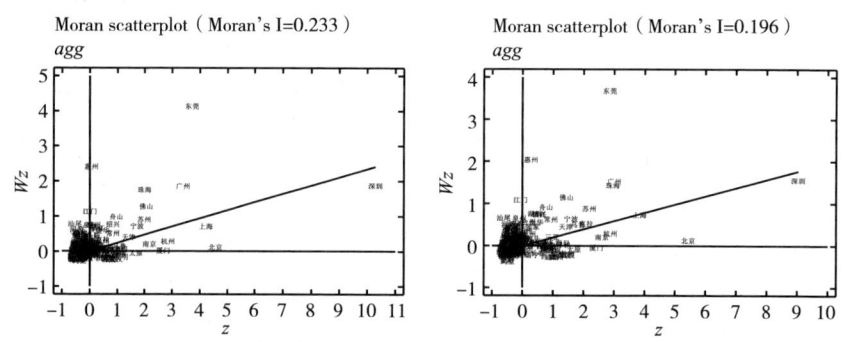

图6-1 2008年和2018年金融集聚的局部莫兰指数散点图

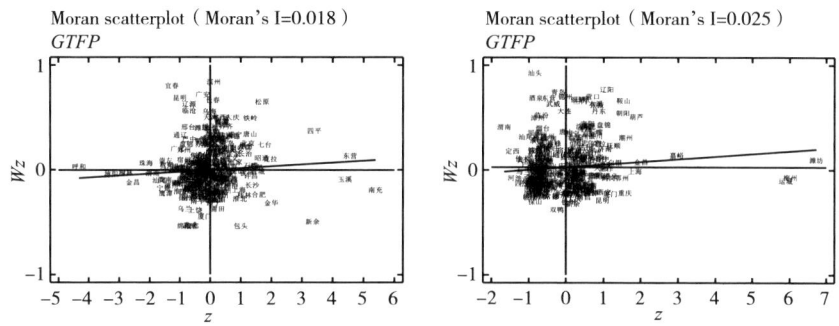

图 6-2 2008 年和 2018 年绿色全要素生产率的局部莫兰指数散点图

第三节 空间计量模型的构建

在构建空间计量模型之前,以地理距离空间权重矩阵为例,首先要进行 LR 检验、Wald 检验和豪斯曼检验来选择合适的空间计量模型。LR 检验和 Wald 检验的原假设是空间杜宾模型可以退化为空间误差模型或者空间滞后模型,如果 P 值显著拒绝原假设,则说明采用空间杜宾模型比较合适,否则,接受原假设,使用空间误差模型或者空间滞后模型。豪斯曼检验的原假设是选择随机效应模型,如果 P 值显著拒绝原假设,则说明采用固定效应模型比较合适,否则,接受原假设,使用随机效应模型。如果豪斯曼检验的结果表明选用固定效应模型更加合适,那么,要进一步通过豪斯曼检验决定是否要选择时间固定效应和地区固定效应的模型,如果 P 值均显著拒绝原假设,则说明要采用时间效应和地区效应的双固定模型。检验结果如表 6-2 所示,结果表明,LR 检验均拒绝原假设,说明使用空间杜宾模型更加合适。Wald 检验也是均拒绝原假设,再次验证使用空间杜宾模型是最合适的选择。豪斯曼检验结果拒绝原假设,这说明应该选择固定效应模型。进一步对时间固定效应和地区固定效应检验时,发现结果均拒绝原假设,说明应该采用双固定效应模型。最终,本书选择使用时间和地区双固定的空间杜宾模型来检验资源依赖视角下金融集聚对绿色全要素生产率产生的空间溢出效应。

表 6-2　　　　　LR 检验、Wald 检验和豪斯曼检验结果

检验类型	统计量	P 值
LR spatial lag	18.18	0.00
LR spatial error	8.56	0.07
Wald test (SLM)	19.72	0.00
Wald test (SEM)	9.19	0.06
hausman	54.89	0.00
地区固定效应检验	292.37	0.00
时间固定效应检验	242.95	0.00

首先，在不区分非资源型城市和资源型城市时，验证金融集聚对绿色全要素生产率产生的空间溢出效应，本书构建单区制空间杜宾模型，见式（6-1）。

$$GTFP_{i,t} = \rho \sum W_{ij} GTFP_{i,t} + \beta_1 agg_{i,t} + \gamma_1 \sum W_{ij} agg_{i,t} + \theta X_{i,t} + \eta \sum W_{ij} X_{i,t} + \varepsilon_{i,t} \quad (6-1)$$

其次，将总样本划分为非资源型城市和资源型城市，借鉴 Elhorst 等（2009）的做法，构建两区制的空间杜宾模型，从而可以识别资源型城市和非资源型城市金融集聚发挥的空间溢出效应有何差异，在式（6-1）的基础上构建两区制空间杜宾模型，见式（6-2）。

$$GTFP_{i,t} = \rho_1 d_{ij} \sum W_{ij} GTFP_{i,t} + \rho_2 (1 - d_{ij}) \sum W_{ij} GTFP_{i,t} + \beta_1 agg_{i,t} + \gamma_1 \sum W_{ij} agg_{i,t} + \theta X_{i,t} + \eta \sum W_{ij} X_{i,t} + \varepsilon_{i,t} \quad (6-2)$$

其中，W_{ij} 表示空间权重矩阵，d_{ij} 代表虚拟变量，具体来说，非资源型城市为 1，资源型城市为 0，ρ_1 和 ρ_2 分别表示非资源型城市和资源型城市的空间溢出效应反应系数。其余变量与式（4-1）中的定义相同。

第四节 金融集聚对绿色全要素生产率的空间溢出效应

一、单区制空间杜宾模型估计结果

对单区制空间杜宾模型进行回归，回归结果如表 6-3 所示。回归结果表明，分别对四种空间权重矩阵构建的单区制空间杜宾模型进行的回归结果中，空间自回归系数 ρ 分别为 0.918、0.862、0.599、0.395，并且统计结果均显著，这说明绿色全要素生产率存在显著的正空间自相关性，即所在城市绿色全要素生产率的提升有助于促进周边邻近城市绿色全要素生产率的提升。并且除了在经济-地理嵌套矩阵中金融集聚（agg）的回归系数不显著之外，其余三种空间权重矩阵的回归中，金融集聚（agg）的回归系数均显著为正，表明在不区分资源型城市和非资源型城市时，整体来看，金融集聚有助于促进绿色全要素生产率的提升，这说明从全国范围来看，金融集聚有利于促进绿色创新技术的应用、促进劳动力素质的提升、促进资源配置效率提升，使绿色、低碳产业得以发展，落后产能产业逐渐被淘汰，最终使得绿色全要素生产率得以提升。金融集聚的空间滞后项（$W \times agg$）的回归系数除了在地理距离空间权重矩阵中不显著之外，在其余三种空间权重矩阵的回归中，回归系数均显著为负，这说明在不区分非资源型城市和资源型城市时，整体来看，所在城市金融集聚的提升可能会抑制周边邻近城市绿色全要素生产率的提升。其原因在于，随着一个城市金融集聚程度的提升，也就意味着周边大部分的金融资源都集聚在这个城市，其对周边邻近城市的金融资源产生了"虹吸效应"，从而不利于周边邻近城市发挥金融助力绿色全要素生产率提升的作用。

表 6–3　　　　　单区制空间杜宾模型检验回归结果

变量	邻接矩阵	地理距离矩阵	经济距离矩阵	经济－地理嵌套矩阵
ρ	0.918*** (0.027)	0.862*** (0.035)	0.599*** (0.039)	0.395*** (0.001)
agg	0.320*** (0.111)	0.227*** (0.084)	0.190* (0.098)	0.168 (0.120)
kl	0.304*** (0.113)	0.311*** (0.100)	0.459*** (0.120)	0.650*** (0.094)
$mark$	-0.174*** (0.060)	-0.150** (0.061)	-0.147** (0.065)	-0.149** (0.071)
fdi	-0.052 (0.048)	-0.064 (0.053)	-0.095 (0.058)	-0.125* (0.067)
$W \times agg$	-3.373** (1.707)	0.255 (0.909)	-0.487** (0.559)	-1.147* (0.589)
$W \times kl$	-0.467*** (0.125)	-0.181* (0.107)	-0.041 (0.125)	-0.260*** (0.098)
$W \times mark$	0.579** (0.243)	0.257 (0.172)	0.071 (0.185)	0.895*** (0.213)
$W \times fdi$	0.049 (0.095)	-0.151 (0.104)	-0.112** (0.044)	-0.264*** (0.090)
时间固定效应	YES	YES	YES	YES
地区固定效应	YES	YES	YES	YES
观测值	3354	3354	3354	3354

注：*、**、*** 分别表示在 10%、5% 和 1% 的水平下显著；括号内为标准误。以下各表同。

上述回归结果表明金融集聚对绿色全要素生产率可能存在空间溢出效应，在空间杜宾模型中衡量金融集聚对绿色全要素生产率的空间溢出效应，就要把金融集聚对绿色全要素生产率影响的边际效应分为总效应、直接效应和间接效应，其中，间接效应可以准确反映空间溢出效应。以经济距离矩阵和经济－地理嵌套矩阵为例进行空间溢出效应的分解，回归结果如表 6–4 所示。回归结果表明，对于经济距离空间权重矩阵和经济－地理嵌套空间权重矩阵来说,间接效应中金融集聚(agg)的回归系数均显著为负,进一步证实了金融集聚对绿色全要素生产率的影响存在明显的负向空间溢出效应,即一个城市的金融集聚的提升将会抑制周边邻近城市绿色全要素生产率的提升。

表6-4 单区制空间杜宾模型空间溢出效应的分解结果

变量	经济距离矩阵			经济-地理嵌套矩阵		
	直接效应	间接效应	总效应	直接效应	间接效应	总效应
agg	0.132* (0.135)	-0.859* (1.281)	-0.727 (1.375)	-0.183 (0.229)	-7.062* (3.858)	-7.245* (4.052)
kl	0.494*** (0.114)	0.568*** (0.218)	1.062*** (0.221)	0.647*** (0.085)	0.018 (0.519)	0.664 (0.518)
$mark$	-0.144** (0.072)	-0.056 (0.450)	-0.200 (0.491)	0.129 (0.093)	5.391*** (1.402)	5.520*** (1.468)
fdi	-0.124** (0.061)	-0.405*** (0.122)	-0.529*** (0.165)	-0.229*** (0.071)	-2.073*** (0.564)	-2.302*** (0.594)
时间固定效应	YES			YES		
地区固定效应	YES			YES		
观测值	3354			3354		

二、稳健性检验估计结果

为了确保基准回归结果的稳健性,进一步使用SAR模型和SEM模型进行稳健性检验,并以邻接矩阵和地理距离矩阵为例,回归结果如表6-5所示。回归结果表明,在SAR模型和SEM模型中,无论是以邻接矩阵还是地理距离矩阵作为空间权重矩阵,空间自回归系数ρ均显著为正,并且金融集聚(agg)的回归系数均显著为正,与表6-3的回归结果保持一致,说明模型的估计结果具有稳健性。

表 6-5　　　　　　　　　　稳健性检验回归结果

变量	SAR 模型		SEM 模型	
	邻接矩阵	地理距离矩阵	邻接矩阵	地理距离矩阵
ρ	0.928*** (0.028)	0.862*** (0.015)	0.938*** (0.013)	0.873*** (0.015)
agg	0.366*** (0.105)	0.249** (0.105)	0.344*** (0.107)	0.195* (0.107)
kl	0.180*** (0.045)	0.236*** (0.046)	0.322*** (0.099)	0.370*** (0.095)
$mark$	-0.160*** (0.039)	-0.146*** (0.039)	-0.178*** (0.039)	-0.159*** (0.038)
fdi	-0.055 (0.122)	-0.068 (0.122)	-0.053 (0.125)	-0.060 (0.123)
时间固定效应	YES	YES	YES	YES
地区固定效应	YES	YES	YES	YES
观测值	3354	3354	3354	3354

三、时空异质性检验估计结果

全样本的回归结果表明，金融集聚对绿色全要素生产率存在明显的空间溢出效应。那么，这种空间溢出效应是否表现出时空异质性呢？本书将研究样本按照时间和区域划分为不同的子样本进行异质性检验。

第一，时间异质性。以"党的十八大"召开时间作为节点，将样本时间划分为2007—2011年和2012—2019年两个子样本，2007—2011年为经济高速发展阶段，2012—2019年为经济高质量发展阶段，并以经济距离矩阵为例进行回归，回归结果如表6-6所示。回归结果表明，2012—2019年，间接效应中金融集聚（agg）的回归系数显著为负，这说明在经济高质量发展阶段，金融集聚对绿色全要素生产率的影响存在明显的负向空间溢出效应，并且空间自回归系数 ρ（0.571）显著为正。而在2007—2011年，间接效应中金融集聚（agg）的回归系数不显著，这说明在经济高速发展阶段，金融集聚对绿色全要素生产率的影响不存在明显的空间溢出效应，并且空间自回归系数 ρ（0.224）显著为正。其原因在于，党的十八大提出的"五位一体"总体布局中将生态文明建设纳入国家顶层设计，推动企业进行生产技术创新和污染减排，这一阶段中绿色全要素生产率的空间依赖性更强。并且金融资源集聚的中心区域会对周边邻近地区的金融资源产生"虹吸效应"，而技术创新和污染治理都需要资金支持，因此，金融集聚不利于周边邻近区域绿色全要素生产率的提升。

表 6-6　　　　　　　　时间异质性检验回归结果

变量	2007—2011 年			2012—2019 年		
	直接效应	间接效应	总效应	直接效应	间接效应	总效应
agg	0.001 (0.003)	0.002 (0.012)	0.003 (0.013)	0.479* (0.267)	-1.201* (2.492)	-0.722 (2.685)
kl	-0.036*** (0.013)	-0.010** (0.004)	-0.045*** (0.017)	1.341*** (0.156)	1.558*** (0.274)	2.899*** (0.381)
$mark$	0.017 (0.011)	0.004 (0.003)	0.021 (0.014)	-0.288*** (0.083)	-0.335*** (0.109)	-0.623*** (0.186)
fdi	-0.073 (0.220)	-0.017 (0.061)	-0.090 (0.280)	-0.005 (0.080)	-0.007 (0.095)	-0.012 (0.175)
ρ	0.224*** (0.044)			0.571*** (0.040)		
时间固定效应	YES			YES		
地区固定效应	YES			YES		
观测值	1290			2064		

第二，区域异质性。将城市按照地理区位划分为东部城市、中部城市和西部城市，并以经济-地理嵌套空间权重矩阵为例进行回归，回归结果如表 6-7 所示。回归结果表明，对于东部、中部、西部地区来说，空间自回归系数 ρ 均显著为正。间接效应中金融集聚（agg）的回归系数均为负，具体来说，在东部和中部地区，金融集聚（agg）的回归系数显著为负，绝对值大小依次为东部＞中部，西部地区金融集聚（agg）的回归系

数不显著。这说明在东部和中部地区，金融集聚对绿色全要素生产率的影响均存在明显的负向空间溢出效应，并且溢出效应的绝对值大小依次为东部>中部，绿色全要素生产率在东部地区的空间一体化发展更加明显。

表6-7　　　　　　　　　区域异质性检验回归结果

变量	东部城市			中部城市			西部城市		
	直接效应	间接效应	总效应	直接效应	间接效应	总效应	直接效应	间接效应	总效应
agg	-0.073 (0.086)	-3.438*** (1.320)	-3.510** (1.371)	-0.288*** (0.061)	-1.606** (0.666)	-1.893** (0.707)	-0.068 (0.059)	-0.916 (0.885)	-0.984 (0.924)
kl	0.441*** (0.142)	0.249 (0.391)	0.690* (0.409)	0.286*** (0.079)	0.758** (0.354)	1.045** (0.420)	0.318*** (0.081)	0.637 (0.673)	0.955 (0.721)
mark	0.149 (0.140)	1.024 (0.689)	1.173 (0.729)	-0.217** (0.090)	-0.584* (0.353)	-0.801* (0.432)	-0.031 (0.061)	-0.097 (0.283)	-0.128 (0.327)
fdi	-0.254*** (0.092)	-0.167 (0.600)	-0.421 (0.638)	-0.167*** (0.053)	-0.445** (0.225)	-0.612** (0.269)	-0.017 (0.027)	-0.033 (0.078)	-0.050 (0.100)
ρ	0.275*** (0.022)			1.020*** (0.067)			1.138*** (0.160)		
时间固定效应	YES			YES			YES		
地区固定效应	YES			YES			YES		
观测值	1352			1274			728		

第五节　资源依赖视角下金融集聚对绿色全要素生产率的空间溢出效应

前文分析表明，金融集聚对周边邻近城市的绿色全要素生产率具有显著的负向空间溢出效应，但由于各地级市的资源依赖程度不同，使得非资源型城市和资源型城市的金融集聚对周边邻近城市绿色全要素生产率产生的空间溢出效应可能会存在一定的差异。为了验证资源型城市和非资源型城市金融集聚产生的空间溢出效应的异质性，采用两区制空间杜宾模型进行回归检验，回归结果如表6-8所示。回归结果表明，在四种空间权重矩阵中，ρ_1分别为1.081、0.899、0.673、1.187，ρ_2分别为1.061、0.839、0.545、1.185，并且统计结果均显著。ρ_1和ρ_2分别表示非资源型城市和资源型城市的空间溢出效应反应系数，这说明无论是非资源型城市还是资源型城市，本地绿色全要素生产率的提升均对周边邻近地区的绿色全要素生产率具有显著的空间溢出效应。并且ρ_1与ρ_2的差值在这四种空间权重矩阵中均显著为正，这说明非资源型城市绿色全要素生产率的空间溢出效应更强。其原因在于，非资源型城市相较于资源型城市来说，其技术创新水平相对较高，能够更好地发挥知识共享和技术共享优势，从而更易于对周边邻近城市的绿色全要素生产率产生空间溢出效应。

表6-8　两区制空间杜宾模型检验回归结果

变量	邻接矩阵	地理距离矩阵	经济距离矩阵	经济－地理嵌套矩阵
ρ_1	1.081*** (52.251)	0.899*** (34.390)	0.673*** (26.341)	1.187*** (146.500)
ρ_2	1.061*** (42.475)	0.839*** (25.874)	0.545*** (20.185)	1.085*** (100.291)
$\rho_1-\rho_2$	1.073*** (3.201)	0.595*** (4.761)	0.129*** (3.188)	0.097*** (7.002)
agg	-0.051*** (-3.197)	-0.068*** (-3.783)	-0.098*** (-4.706)	-0.049*** (-2.891)
kl	0.028 (0.549)	-0.013 (-0.217)	0.047 (0.799)	0.002 (0.043)
$mark$	-0.024 (-0.208)	-0.045 (-0.394)	-0.091 (-0.739)	-0.016 (-0.145)
fdi	-0.058* (-1.969)	-0.030 (-0.998)	-0.022 (-0.687)	-0.030 (-0.987)
$W\times agg$	0.184 (1.461)	0.075* (1.707)	0.117*** (3.668)	0.006 (0.327)

续表

变量	邻接矩阵	地理距离矩阵	经济距离矩阵	经济-地理嵌套矩阵
$W \times kl$	-0.081 (-1.058)	0.060 (0.952)	0.043 (0.714)	0.024 (0.413)
$W \times mark$	0.150 (0.331)	-0.381 (-0.932)	-0.275 (-1.074)	-0.439 (-0.504)
$W \times fdi$	0.088 (0.480)	-0.003 (-0.032)	0.091 (1.477)	-0.183* (-1.798)
时间固定效应	YES	YES	YES	YES
地区固定效应	YES	YES	YES	YES
观测值	3458	3458	3458	3458

注：*、**、*** 分别表示在10%、5%和1%的水平下显著；括号内为t值。

本章小结

为了检验资源依赖视角下金融集聚对绿色全要素生产率产生的空间溢出效应，本章采用2007—2019年我国153个非资源型城市和113个资源型城市的宏观面板数据，构建空间面板模型进行回归，得到以下几个重要结论：

第一，空间相关性检验结果表明：金融集聚和绿色全要素生产率确实存在显著的正向空间自相关性。

第二，当不区分非资源型城市和资源型城市时，本地的金融集聚将会抑制周边邻近地区绿色全要素生产率的提升，并且稳健性检验的结果表明，基准回归结果具有稳健性。考虑到这种空间溢出效应是否会表现出异质性，进一步进行时空异质性检验。时间异质性检验的结果表明：在经济高质量发展阶段，金融集聚对绿色全要素生产率的影响存在明显的负向空间溢出效应；在经济高速发展阶段，金融集聚对绿色全要素生产率的影响不存在明显的空间溢出效应。区域异质性检验的结果表明：在东部和中部地区，金融集聚对绿色全要素生产率的影响均存在明显的负向空间溢出效应，并且溢出效应的绝对值大小依次为东部＞中部。在西部地区，金融集聚对绿色全要素生产率的空间溢出效应为负，但不显著。

第三，当区分非资源型城市和资源型城市时，非资源型城市的空间溢出效应要大于资源型城市的空间溢出效应。

第七章

研究结论与政策建议

第七章 研究结论与政策建议

从第一章到第六章，本书先对资源依赖视角下金融集聚对绿色全要素生产率影响的相关文献和相关理论进行梳理，在此基础上再展开实证研究，分别对资源依赖视角下金融集聚影响绿色全要素生产率的一般机理、门槛效应、影响机制以及空间溢出效应进行了分析和检验，本章在总结前文研究的基础上，得到本书的主要研究结论，并基于此提出相应的政策建议。

第一节 研究结论

我国在实现经济高速增长的同时，也付出了较高的资源消耗代价和环境污染代价，尤其是对于资源型城市来说，长期以来粗放浪费的资源开发方式，加剧了环境约束，成为制约绿色经济发展的"瓶颈"，绿色全要素生产率的提升成为资源型城市摆脱对自然资源依赖的关键所在。在实现绿色全要素生产率提升的过程中，金融集聚发挥着不可忽视的重要作用，金融集聚能够吸引高素质劳动力集聚，更好更快地研发并应用绿色创新技术，促进城市创新能力的提升，逐渐淘汰落后产能产业，推动绿色低碳节能产业的发展，最终实现绿色全要素生产率的提升。但是对于资源型城市来说，金融市场建设较为落后，金融资源分布不均，融资渠道不畅，再加上资金的逐利性特点，使得资源型产业发展不断壮大，而绿色投资项目缺乏资金支持，绿色全要素生产率的提升面临着诸多难题。另外，金融集聚会对所在城市的绿色全要素生产率产生影响，金融资源在空间上的集聚将会强化邻近区域之间在经济上的联系，实现环境污染方面的协同治理，从而对周边邻近城市的绿色全要素生产率产生空间溢出效应。因此，如何引导资源型城市通过合理布局金融资源以提升绿色全要素生产率，成为需要重点讨论的话题。鉴于此，本书就资源依赖视角下金融集聚对绿色全要素生产率的影响展开讨论。

首先，在理论层面展开分析。第一，阐述了金融集聚对绿色全要素生产率影响的一般机理、门槛效应、影响路径以及空间溢出效应，发现金融集聚能够促进绿色全要素生产率的提升，并且金融集聚对绿色全要素生产率的提升作用呈现非线性的特征。金融集聚主要是通过促进城市创新能力的提升、劳动力市场高级化、产业结构高级化进而实现绿色全要素生产率的提升，金融集聚还会对周边邻近地区的绿色全要素生产率产生"示范效应"和"虹吸效应"。第二，在此基础上进一步分析资源依赖视角下金融集聚对绿色全要素生产率影响的特殊性，发现资源型城市由于资源依赖对创新要素和人力资本的"挤出效应"，大力发展资源型产业，使得资源型城市形成单一僵化的产业结构，资金倾向于向资源型产业流动，不利于绿色低碳项目的发展，从而不利于绿色全要素生产率的提升。

其次，在事实特征层面进行描述。第一，关于金融集聚的事实特征，可以发现非资源型城市的金融集聚程度显著高于资源型城市的金融集聚程度。第二，关于绿色全要素生产率的事实特征，可以发现，自2018年开始，非资源型城市和资源型城市的绿色全要素生产率呈现大幅上升趋势。第三，关于资源型城市面临发展障碍的事实特征，可以发现，资源型城市普遍面临资源不足的现状，经济发展比较滞后，对自然资源的依赖程度较高，并且金融业发展不充分，环境污染严重。第四，关于资源依赖视角下金融集聚影响绿色全要素生产率的事实特征，在非资源型城市中，金融集聚与绿色全要素生产率呈正相关关系，而在资源型城市中，金融集聚与绿色全要素生产率呈负相关关系。在非资源型城市和资源型城市中，金融集聚与城市创新能力、劳动力市场高级化、产业结构高级化均呈正相关关系，城市创新能力的提升、劳动力市场高级化和产业结构高级化均与绿色全要素生产率呈正相关关系。进一步，无论是在非资源型城市还是资源型城市中，金融集聚与绿色全要素生产率在空间维度上既呈现出一致性，又表现出错位性。

最后，在实证检验层面进行验证。第一，构建静态面板模型检验资源依赖视角下金融集聚影响绿色全要素生产率的一般机理。对于样本总体来说，金融集聚能够促进绿色全要素生产率的提升。进一步，将样本总体划分为非资源型城市和资源型城市时,在非资源型城市中,金融集聚能够促进绿色全要素生产率的提升,在资源型城市中,金融集聚将会抑制绿色全要素生产率的提升,并且进行稳健性检验和内生性检验以确保模型的稳健性和缓解模型的内生性问题。第二,构建以金融集聚为门槛变量的面板门槛计量模型,检验不同金融集聚程度下金融集聚对绿色全要素生产率的影响。结果表明,非资源型城市的金融集聚对绿色全要素生产率的影响存在双门槛效应,金融集聚对绿色全要素生产率的促进作用呈现边际递减的特征。资源型城市的金融集聚对绿色全要素生产率的影响存在双门槛效应,金融集聚对绿色全要素生产率的影响呈现先抑制后促进再抑制的特征。第三,构建中介效应模型,从城市创新能力、劳动力市场高级化以及产业结构高级化这三个视角出发,检验资源依赖视角下金融集聚影响绿色全要素生产率的渠道。结果表明,对于非资源型城市来说,金融集聚能够激发创新主体从事创新活动的积极性,促进城市创新能力的提升,进一步促进绿色全要素生产率上升。金融集聚能够吸引高素质劳动力集聚,促进劳动力市场高级化,进一步促进绿色全要素生产率上升。金融集聚能够引导生产要素向效率较高、污染较低的产业流动,促进产业结构升级优化,进一步促进绿色全要素生产率上升。而对于资源型城市来说,金融集聚能够促进城市创新能力的提升,但是资源型产业会对创新产生"挤出效应",使金融集聚无法通过促进城市创新能力的提升进而促进绿色全要素生产率的提升。金融集聚能够带动劳动力市场高级化,但是资源型产业会对高素质劳动力产生"挤出效应",使金融集聚无法通过促进劳动力市场高级化进而促进绿色全要素生产率的提升。金融集聚能够促进产业结构升级优化,但是资源型产业会对其他制造业产生"挤出效应",使金融集聚无法通过促进产业结构高级化进而促进绿色全要素生产率的提升。第四,构建空间面板模型检验资源依赖视角下金融集聚对绿色全要素生产率产生的空间溢出效应。一般而言,本地的金融集聚将会抑制周边邻近地区绿色全要素生产率的提升,同时稳健性检验的回归结果验证了基准回归结果的稳健性。考虑到这种空间溢出效应是否会表现出异质性,进一步进行时空异质性检验。时间异质性检验的结果表明，在经济高质量发展阶段，金融集聚对绿色全要素生产率的影响存在明显的负向空间溢出效应；在经济高速发展阶段，金融集聚对绿色全要素生产率的影响不存在明显的空间溢出效应。区域异质性检验的结果表明，在东部和中部地区，金融集聚对绿色全要素生产率的影响均存在明显的负向空间溢出效应，并且溢出效应的绝对值大小依次为东部＞中部。在西部地区，金融集聚对绿色全要素生产率产生的空间溢出效应为负，但不显著。当区分非资源型城市和资源型城市时，非资源型城市的空间溢出效应要大于资源型城市的空间溢出效应。

第二节 政策建议

通过上述理论分析、事实描述与实证研究发现，在非资源型城市中，金融集聚能够促进绿色全要素生产率的提升，并且城市创新能力、劳动力高级化以及产业结构升级是促进绿色全要素生产率提升的关键路径。而在资源型城市中，金融集聚将会抑制绿色全要素生产率的提升。并且非资源型城市和资源型城市中的金融集聚不仅能够影响所在城市的绿色全要素生产率，还能够对周边邻近地区的绿色全要素生产率产生负向的空间溢出效应。尤其是对于资源型城市来说，合理布局金融资源，有效发展绿色金融，缓解资金错配和融资约束问题，将成为资源型城市合理利用自然资源、发挥资源优势、强化生态环境治理、促进绿色低碳项目发展的必然选择。为了推动非资源型城市和资源型城市合理布局金融资源以实现绿色全要素生产率的提升，本书尝试从以下几个方面提出相应的政策建议。

一、发挥金融集聚在提升绿色全要素生产率过程中的重要作用

金融集聚能够优化资源配置，引导生产要素流向绿色投资项目。金融集聚能够降低资金供求双方之间的交易成本，缓解企业从事绿色投资项目

时面临的融资约束问题。金融集聚能够为集聚区域内的企业提供更加专业和高质量的金融服务，为企业从事绿色投资项目提供资金保障。因此，为了发挥金融集聚在提升绿色全要素生产率过程中的重要作用，首先，要加快区域一体化进程，促进金融空间高效发展。其次，要优化金融产业格局，构建金融产业集群。再次，要统筹设计绿色金融体系，引导金融资源流向绿色产业。最后，要加强风险防范，保证金融集聚中心可持续发展。

（一）加快区域一体化进程，促进金融空间高效发展

虽然我国的区域一体化机制正在逐渐推进，已经形成长三角、珠三角等一体化区域，但是中西部地区的市场仍然比较离散，财政分权体制下地方政府之间的"GDP赛跑"、官员晋升等因素使大部分地区存在地方保护主义和贸易壁垒，金融资源的流动不畅，金融集聚中心难以发挥辐射效应。因此，我国应加快区域一体化进程，形成重要的城市群，并对金融产业按照金融业的发展情况进行重新布局，促进金融资源在区域间高效流动，有层次、分步骤地推进区域间金融协作，形成良好的金融互动机制，加强金融机构跨区域合作、金融行业与其他行业的业务合作，发挥城市群中金融中心对周边邻近地区的带动作用，促进金融空间的高效发展，充分发挥金融集聚的辐射效应，实现绿色全要素生产率的提升。

（二）优化金融产业格局，构建金融产业集群

目前来看，我国上海、北京、深圳等31个金融中心的金融业增加值累计达4.44万亿元，占全国金融业增加值的比重超过半数，达到57.7%。由此可见，各省会城市及大型城市的金融资源占绝对优势，而偏远城市以及新兴中小城市却面临严重不足的问题。因此，我国应该从国家层面合理规划区域金融中心体系的建设，区域金融中心的建设要以提升金融服务实体经济的效率，为区域创新活动提供资金支持为导向，使节点城市集聚大量的金融资产、金融信息和金融人才，将资金、技术、信息等各种金融要素辐射到其他周边城市，加速生产要素在地区间的融通、流动，提升资源

配置效率，优先支持绿色产业发展，促进绿色全要素生产率的提升。中央政府应结合地方城市自身的辐射范围、实体经济的需求以及经济地理结构合理规划金融中心的空间布局和规模层次，避免盲目构建金融中心体系，降低金融服务绿色产业的效率。

（三）统筹设计绿色金融体系，引导金融资源流向绿色产业

当前，我国的绿色金融体系尚不完善，难以实现经济增长与环境保护的协同进步。在发展绿色经济时，金融集聚发挥着引导资金流向绿色投资项目的作用，这就要求金融机构需要提高对绿色金融的重视程度。首先，在整个金融行业中普及绿色发展理念，将绿色发展理念纳入金融机构的整体发展规划中，并且将推行绿色金融发展作为当前的首要任务。为了激发各金融机构发展绿色金融的动力，在考核各金融机构的业绩时，不仅要实现利润最大化，同时还要将能够反映绿色金融发展成果的关键指标纳入考核机制中。其次，在金融机构的各个部门中选拔一部分领导者或者精英人士，聘请高等院校的老师为其培训绿色金融的相关知识，为金融机构培养绿色储备人才，以顺利开展绿色金融的相关业务。最后，各金融机构在对员工进行培训时，要增强绿色金融相关知识的普及。同时，在考核员工业绩时，将绿色投资项目的投资力度作为重要的考核指标，激励其对绿色、环保的项目进行投资，通过促进绿色金融发展进一步实现绿色可持续发展。

（四）加强风险防范，保证金融集聚中心可持续发展

金融机构应构建全面、完善的风险管理体系，以保证金融集聚中心的可持续发展。尤其是为了促进绿色全要素生产率的提升，金融集聚发挥着引导资金流向绿色投资项目的作用，但是绿色投资项目通常面临较高的风险，因此，必须要提高金融集聚中心的风险防范能力。首先，在金融机构向绿色投资项目进行投资前，要充分进行尽职调查，评估其是否满足绿色项目的各项标准，防止有些企业通过"漂绿"不当获取融资，将环境风险

监测纳入银行风险的监测框架中。其次，当金融机构向绿色投资项目进行投资时，对企业现有的绿色环保成果进行审核，判断其是否属于高风险行业和领域，根据其风险变化调整授信额度，避免为高风险行业的企业提供过多的资金。再次，在金融机构向绿色投资项目进行投资后，利用新时代的大数据追踪技术，强化对投资项目的动态监测跟踪工作，随时关注绿色投资项目的风险变化以及对经济、环境产生的影响效应，以便于随时调整投资方案。同时应建立健全风险预警机制，当投资项目的风险突然提高时，及时地寻求相应的解决办法，尽可能降低投资项目对经济发展和环境质量造成的不利影响。最后，要明确各部门的风险职责，在发生风险事故时，明确相应的追责机构，并对其进行责任认定，防止出现相互推诿的现象，不利于提高风险防范能力。

二、兼顾资源依赖水平，因地制宜制定金融集聚目标

对于资源型城市来说，金融业发展相对滞后，金融资源倾向于向资源型产业流动，难以满足资源型城市其他产业对金融资源的需求，资源型产业作为主导产业使得绿色产业自身的造血能力不足，金融集聚无法充分释放其外部规模经济效应，难以推动绿色产业的发展。因此，资源型城市在扩大金融规模实现金融集聚的同时，还应该充分利用自身的资源优势，扩大经济体量，借鉴非资源型城市在管理和制度方面的成功之处，形成成熟的制度机制，为发挥金融集聚对绿色全要素生产率的积极作用提供良好的经济环境和制度环境。另外，要实现资源型城市金融集聚对于绿色经济的助推作用，需要另辟蹊径，通过引进以及自主研发先进的生产技术，走资源转型发展之路，发展新业态，建立新平台，摆脱经济发展对自然资源的依赖，进一步实现绿色全要素生产率的提升。

（一）结合各地区的实际情况制定金融集聚目标

根据不同的城市特征，因地制宜，分步骤、有层次地合理推进金融集

聚，对于资源型城市和非资源型城市来说，对应的金融集聚目标应该不同，避免"一刀切"的做法，倡导多元化发展战略。在制定各地区的金融集聚目标时，为了发挥金融集聚对绿色经济的推动作用，必须要结合当地具体的绿色产业发展目标。地方政府作为绿色产业发展的引领者，应鼓励各企业淘汰落后产能，使用绿色、低碳的生产技术，提高生产效率，减少生产过程中污染物的排放，并提高污染物的处理技术，尽可能降低对环境的不利影响，实现从生产经营到废弃物处理全过程的"绿色化"。在明确当地绿色产业的发展规划及目标以后，结合绿色发展规划和现实情况制定与之相匹配的金融集聚目标，以促进当地绿色全要素生产率的提升。具体来说，应制定优惠政策鼓励金融机构有序集聚，使用新时代数字技术提升金融服务质量，激励金融机构扩大金融规模，进一步吸引金融资源集聚。由于资源型城市和非资源型城市的经济发展水平以及环境质量不同，相对应的各自的金融集聚目标也应该不同。对于非资源型城市来说，其经济较为发达，市场较为活跃，可以充分利用市场化的手段刺激金融资源集聚，形成产业集聚优势，发挥金融集聚对绿色全要素生产率的积极作用。对于资源型城市来说，经济发展水平相对落后，产业结构较为单一，环境污染较为严重，对金融资源的吸引力不足，要实现金融集聚对绿色经济的助推作用，需要另辟蹊径，通过引进以及自主研发先进的生产技术，走资源转型发展之路，发展新业态，建立新平台，实现区域创新能力提升，进一步制定金融集聚的整体规划。

（二）结合各地区的发展优势确定金融集聚发展重点

非资源型城市与资源型城市的地区优势不同，在确定金融集聚发展重点时也应该走差异化发展道路。第一，打造"量"广"质"优的金融集聚模式，一方面吸引金融资源集聚以扩大金融规模，另一方面优化金融资源配置效率以提升金融效率，先实现"量"的积累，即金融规模的扩大，再进一步强化"质"的提升，即金融效率的提升。考虑到非资源型城市的金融集聚程度要高于资源型城市这一现实状况，对于资源型城市来说，金融集聚的发展重点应该落在扩大金融规模上，发挥资源型城市自身的优势，向资源型产业的上游和下游延伸产业链，最大化利用自然资源优势，发展循环经济，提高自然资源的附加值，进而对金融资源产生潜在吸引力，扩大金融规模。对于非资源型城市来说，金融集聚的发展重点应该落在提升金融效率上，提升金融机构的专业化水平，研发新的金融产品，丰富企业的融资渠道，优化资源配置效率，提高金融效率。第二，资源型城市的经济相对比较发达，制度环境更加完善，非资源型城市中的金融集聚能够在短期内促进绿色全要素生产率的提升。而资源型城市的经济发展水平相对较低，制度体制不够成熟，资源型产业作为主导产业使得绿色产业自身的造血能力不足，金融集聚无法充分释放其外部规模经济效应，难以推动绿色产业的发展。因此，资源型城市在扩大金融规模实现金融集聚的同时，还应该充分利用自身的资源优势，扩大经济体量，借鉴非资源型城市在管理和制度方面的成功之处，形成成熟的制度机制，为发挥金融集聚对绿色全要素生产率的积极作用提供良好的经济环境和制度环境。

三、重视创新能力、劳动力市场结构、产业结构发挥的中介作用

在资源型城市中，资源型产业"一业独大"造成了技术创新活力较低、人才资源外流、产业结构单一僵化等现象。技术创新、人力资本是提升绿色全要素生产率的动力，可以弥补资源依赖产生的发展停滞问题，能够推动传统产业向高端制造业跃迁，促进传统产业进行节能改造、绿色升级，为资源型城市开拓更多潜在的发展方向。为了推动创新能力提升，促进劳动力市场高级化，实现产业结构优化升级，首先，要提高政府支出中教育与科技占比、提升第三产业占比。其次，要吸引高素质人才集聚，推动绿色技术创新能力的提升。最后，要优先支持绿色投资项目，实现产业结构优化升级。

（一）提高政府支出中教育与科技占比，提升第三产业占比

在非资源型城市中，金融集聚主要是通过促进城市创新能力提升、推动劳动力市场升级、实现产业结构优化升级来提升绿色全要素生产率的，而在资源型城市中，丰裕的自然资源将会对技术创新、高素质劳动力以及其他制造业产生"挤出效应"，导致金融集聚对于创新能力、劳动力市场升级、产业结构优化升级的促进作用较小，无法进一步带动绿色全要素生产率的提升。因此，地方政府应提升财政支出中科技支出和教育支出的占比以及第三产业占比。首先，应加强政府对城市创新活动的支持，搭建好创新研发平台，利用技术引进或者鼓励企业进行自主研发等战略引领城市开展创新活动，为创新活动提供充裕的资金支持，尽快形成高附加值的清洁生产技术。其次，现阶段我国的教育行政化思想严重，容易导致教育系统失去竞争力，无法在短期内与市场需求相匹配。政府应推行教育市场化改革，以提高劳动力的教育层次，使人才供给与社会需求相匹配，更快更好地掌握绿色创新技术，并将其应用到生产运营以及废弃物处理上。同时，地方政府还应结合实际发展需要，制定更多的人才引进政策，吸引高素质劳动力集聚，从而推动当地的绿色经济发展。最后，加快产业结构转型，推动第三产业发展，实现产业结构合理化和高级化，同时也要加强区域间的合作交流，避免由于当地的产业结构转型致使高污染、高耗能的产业向周边邻近地区转移，共同实现绿色经济发展。

（二）吸引高素质人才集聚，推动绿色技术创新能力的提升

企业作为从事绿色创新活动的市场主体，金融集聚能够缓解企业在从事绿色技术创新活动时面临的融资约束问题，有利于促进绿色创新要素集聚，激发企业从事绿色技术创新活动的潜力。企业通过从事绿色创新活动可以提升自身的研发创新能力，降低生产成本，提高生产效率，减少污染物的排放，进而实现绿色全要素生产率的提升。首先，企业应加强对国家重点支持的绿色技术创新项目的关注，把握与企业自身相关的绿色创新技

术的最新动态，充分发挥绿色创新技术在推动企业绿色发展过程中发挥的催化剂作用。其次，企业应搭建绿色创新的技术平台，并制定一系列人才引进的优惠措施，为企业储备高质量的技术人才，迅速掌握绿色生产技术的核心，并应用到生产经营过程中，推动企业提升绿色技术创新能力。最后，由于不同地区企业自身的技术水平不同，对于资源型城市的企业和非资源型城市的企业应采取差异化的发展战略。尤其是对于资源型城市的企业来说，由于资源型城市的经济发展长期依赖于自然资源的开采和粗加工，企业整体的创新积极性不高，并且自身的技术水平相对薄弱。这部分企业一方面可以先靠引进先进的绿色生产技术来改进现有的生产技术，另一方面可以结合自身的实际情况，积极地与当地的高等院校、科研机构等建立长期稳定的合作关系，弥补自身的技术短板，在合作交流过程中逐渐提升自主研发创新的能力。

（三）优先支持绿色投资项目，实现产业结构优化升级

绿色投资项目通常具有前期投入较高、回报周期较长的特点，而金融集聚区域汇集了大量的金融机构，能够提升金融机构的专业化分工水平，促进金融产品的创新，以满足绿色发展的资金需求。首先，绿色信贷是绿色金融的主体部分，因此，金融机构应将创新重点放在绿色信贷产品上。一方面，借助新时代信息技术的力量推行线上绿色信贷，不仅可以根据大数据分析客户的违约风险，还可以降低成本，为客户提供更加高效、优质的服务，进一步推动绿色信贷的发展。另一方面，拓展绿色信贷的服务领域，推出服务于清洁能源领域的相关绿色信贷产品，致力于推动太阳能、光能等领域的发展，实现绿色全要素生产率的提升。其次，绿色投资项目通常具有高风险的特点，为了降低投资风险，金融机构应扩大绿色资产证券化的规模，积极开发新的基础资产以精准投放到绿色企业中，实现绿色可持续发展。

四、加强资源依赖视角下金融集聚在区域协同绿色发展中的"涓滴效应"

金融资源在一个区域内集聚不仅会对"本地"的绿色全要素生产率产生影响,还会对"邻地"产生"涓滴效应"以及"虹吸效应"。"涓滴效应"表现在:金融集聚会促进生产技术、高素质劳动力、资金向周边邻近地区流动,进而促进"邻地"绿色全要素生产率的提升。"虹吸效应"表现在:金融资源在中心区域集聚,则意味着会对外围地区的生产技术、高素质劳动力、资金产生吸附作用,进而抑制"邻地"绿色全要素生产率的提升。因此,要实现区域协同绿色发展,就要尽可能地降低区域间的"虹吸效应",发挥金融集聚的"涓滴效应"。对于资源型城市来说,基础设施建设相对落后,区域间资源流动不够畅通,对周边邻近地区的带动作用较弱,要实现区域间协同绿色发展:首先,要重视金融资源的合理分配,推动普惠金融发展。其次,要统筹管理金融机构的发展,打破资源流动壁垒。最后,要加强金融机构的信息交流,构建协同发展格局。

(一)重视金融资源的合理分配,推动普惠金融发展

金融资源在某一区域聚集,则意味着形成"中心-外围"式的空间分布结构。集聚中心与外围地区的金融集聚不同,则会进一步扩大各地区之间的经济差距。因此,应积极推动多层次、广覆盖、有差异金融体系的构建,加强金融基础设施建设,突破以银行为主导的金融结构体系,完善金融市场体系。重视金融资源的合理分配,推动普惠金融发展。鼓励中心城市的大型金融机构向周边邻近地区渗透和延伸分支机构,从而优化金融供给的空间布局,提升地方金融机构的服务范围和服务质量。从国家层面合理规划区域金融中心体系的建设,区域金融中心的建设要以提升金融服务实体经济的效率为导向,使节点城市集聚大量的金融资产、金融信息和金融人才,将资金、技术、信息等各种金融要素辐射到其他周边城市,加速

生产要素在地区间的融通、流动，提升资源配置效率，便利企业融资。中央政府应结合地方城市自身的辐射范围、实体经济的需求以及经济地理结构合理规划金融中心的空间布局和规模层次，避免盲目构建金融中心体系，降低金融服务实体经济的效率。同时，还要注重为金融机构提供辅助性服务的律师、投资咨询等机构的建设，促进金融机构与其他行业的交流合作、资源共享，构建资源高效流动的网络系统，最终形成健全完善的金融集团，更好地发挥其规模经济效应。

（二）统筹管理金融机构的发展，打破资源流动壁垒

目前，各个城市的金融集聚程度相差较大，并且金融集聚对于周边邻近地区的绿色全要素生产率是以发挥"虹吸效应"为主的。因此，地方政府应成立专门的金融组织协调体系，协调平衡各方力量，以实现整个区域内部的金融集聚水平和绿色全要素生产率的循环上升。一方面，政府应统筹管理金融机构的发展，形成金融集聚与绿色全要素生产率之间提质增效的区域间合力，降低资源在区域间的流动壁垒，打破溢出效应的行政地理边界，促进人才、技术、信息在区域间的高效流动，增强金融集聚对周边邻近地区绿色全要素生产率产生的空间溢出效应，尽可能避免虹吸效应对本地金融业发展动能和绿色经济发展动能的弱化。为了尽可能避免集聚中心发挥极化作用对周边邻近地区的金融资源产生"虹吸效应"，导致周边邻近城市的金融资源大量流失，金融组织协调体系应采取相应手段给予集聚中心一定的涓滴鼓励，平衡各区域之间的金融力量。尤其是对于资源型城市来说，应鼓励其充分发挥自然资源优势，形成区域间的协同合作，实现合作共赢。另一方面，金融组织协调体系应保持一定的独立性，弱化地方政府对其的直接干预，赋予其更大的自主决策权，在协调各区域之间的利益矛盾时，始终坚持共同利益最大化原则，调动各区域间的金融联动性，降低区域发展差距，共同实现金融集聚程度和绿色全要素生产率的提升。

（三）加强金融机构的信息交流，构建协同发展格局

针对集聚中心区域的金融集聚程度过高导致对周边邻近地区产生的"虹吸效应"，各区域的金融机构应加强信息交流，中心区域的金融机构应充分发挥其规模效应，对资金进行灵活调动，缓解周边邻近地区的资金压力。同时，加强区域间各金融机构的资源共享，建立健全资金补偿机制，将金融集聚产生的"虹吸效应"转化为"涓滴效应"，缩小各地区之间金融集聚的差距，共同促进绿色全要素生产率的提升。对于资源型城市和非资源型城市来说，应实行差异化发展战略，形成不同区域之间金融机构的合作机制，充分发挥金融集聚对周边邻近地区绿色全要素生产率的"扩散效应"，构建绿色经济一体化发展格局，严禁为了实现自身发展而损害周边地区利益的行为。

参 考 文 献

[1] Greenwood J, Jovanovic B, *Financial development, growth, and the distribution of income.* Journal of Political Economy, 1990, pp. 1076 – 1107.

[2] Brown R H, Schaefer S M, *Interest rate volatility and the shape of the term structure.* Philosophical Transactions of the Royal Society of London. Series A: Physical and Engineering Sciences, 1994, pp. 563 – 576.

[3] 张帆:"金融发展影响绿色全要素生产率的理论和实证研究",《中国软科学》,2017年第9期。

[4] 徐璋勇、朱睿:"金融发展对绿色全要素生产率的影响分析——来自中国西部地区的实证研究",《山西大学学报(哲学社会科学版)》,2020年第1期。

[5] 王小腾、徐璋勇、刘潭:"金融发展是否促进了'一带一路'国家绿色全要素生产率增长",《经济经纬》,2018年第5期。

[6] Klagge B, Martin R, *Decentralized versus centralized financial systems: Is there a case for local capital markets?* Journal of Economic Geography, 2005, pp. 387 – 421.

[7] 黄解宇、杨再斌:"金融集聚论:金融中心形成的理论与实践解析",中国社会科学出版社,2006年版。

[8] 杨坚:"金融功能视角下资源型区域经济发展方式转变的实证分析",《经济问题探索》,2017年第10期。

[9] Buera F J, Kaboski J P, Shin Y, *Finance and development: A tale of two sectors.* American Economic Review, 2011, pp. 1964 – 2002.

[10] 李苗苗、肖洪钧、赵爽："金融发展、技术创新与经济增长的关系研究——基于中国的省市面板数据"，《中国管理科学》，2015年第2期。

[11] 王锋、李紧想、张芳、吴艳杰："金融集聚能否促进绿色经济发展？——基于中国30个省份的实证分析"，《金融论坛》，2017年第9期。

[12] 施本植、许宁、刘明、邓铭："金融集聚对城市绿色经济效率的影响及作用渠道——基于中国249个地级以上城市的实证分析"，《技术经济》，2018年第8期。

[13] Corden W M, Neary J P, *Booming sector and de - industrialisation in a small open economy*. The Economic Journal, 1982, pp. 825 - 848.

[14] Torvik R, *Natural resources, rent seeking and welfare*. Journal of Development Economics, 2002, pp. 455 - 470.

[15] Sachs J D, Warner A M, *The big push, natural resource booms and growth*. Journal of Development Economics, 1999, pp. 43 - 76.

[16] 黄解宇："金融集聚研究综述"，《工业技术经济》，2008年第1期。

[17] Pandit N R, Cook G A S, Swann P G M, *The dynamics of industrial clustering in British financial services*. Service Industries Journal, 2001, pp. 33 - 61.

[18] Grote M H, *Foreign banks' attraction to the financial centre Frankfurt—an inverted 'U' - shaped relationship*. Journal of Economic Geography, 2008, pp. 239 - 258.

[19] 何骏："探索中国生产性服务业集聚区的发展之路——中国生产性服务业集聚区的创新系统与重点模式研究"，《当代经济管理》，2009年第4期。

[20] 李紧想、张芳、孙策："金融集聚与经济高质量发展的长期动态关系研究——基于状态空间模型的变参数分析"，《海南金融》，2019年第6期。

[21] Walker R, Storper M, *The capitalist imperative: Territory, technol-*

ogy and industrial growth. Oxford: Basil Blackwell, 1989.

[22] Pandit N R, Cook G A S, Swann P G M, *The dynamics of industrial clustering in British financial services*. Service Industries Journal, 2001, pp. 33 – 61.

[23] 李昊、曹宏铎:"集群演化网络模型与仿真研究",《管理学报》,2010 年第 3 期。

[24] Reed H C, *Financial center hegemony, interest rates, and the global political economy*. International banking and financial centers. Springer, Dordrecht, 1989, pp. 247 – 268.

[25] 陶锋、胡军、李诗田、韦锦祥:"金融地理结构如何影响企业生产率?——兼论金融供给侧结构性改革",《经济研究》,2017 年第 9 期。

[26] 余泳泽、宣烨、沈扬扬:"金融集聚对工业效率提升的空间外溢效应",《世界经济》,2013 年第 2 期。

[27] 王丹、叶蜀君:"金融集聚对经济增长的知识溢出机制研究",《北京交通大学学报(社会科学版)》,2015 年第 3 期。

[28] 李晓龙、冉光和、郑威:"金融发展、空间关联与区域创新产出",《研究与发展管理》,2017 年第 1 期。

[29] 张振、赵儒煜:"金融产业集聚对区域经济韧性的空间溢出效应研究",《当代经济管理》,2021 年第 3 期。

[30] Audretsch D B, Feldman M P, *R&D spillovers and the geography of innovation and production*. The American Economic Review, 1996, pp. 630 – 640.

[31] 刘沛、黎齐:"金融集聚对产业结构提升的空间外溢效应研究——以广东省为例",《科技管理研究》,2014 年第 10 期。

[32] 于斌斌:"金融集聚促进了产业结构升级吗?",《国际金融研究》,2017 年第 2 期。

[33] 张同功、孙一君:"金融集聚与区域经济增长:基于副省级城市的比较研究",《宏观经济研究》,2018 年第 1 期。

[34] 张鹏、于伟:"金融集聚与城市发展效率的空间交互溢出作用——

基于地级及以上城市空间联立方程的实证研究",《山西财经大学学报》, 2019 年第 4 期。

[35] 韩文琰:"省级地区经济增长中的金融资源集聚效率实证分析",《商业经济研究》, 2016 年第 5 期。

[36] 纪祥裕:"金融地理影响了城市创新能力吗?",《产业经济研究》, 2020 年第 1 期。

[37] 朱建、陈能军、刘木子云:"金融集聚、空间外部性与文化产业发展——基于中国省际空间面板模型",《经济问题》, 2020 年第 7 期。

[38] 姚璐、王书华:"金融集聚与区域经济增长的交互影响及空间溢出效应——基于空间面板联立方程的实证研究",《统计学报》, 2022 年第 1 期。

[39] 谢漾、洪正:"城市群兴起的金融集聚效应与影响机制",《当代财经》, 2022 年第 2 期。

[40] 刘军、黄解宇、曹利军:"金融集聚影响实体经济机制研究",《管理世界》, 2007 年第 4 期。

[41] Rodriguez C M, *The growth effects of financial openness and exchange rates.* International Review of Economics & Finance, 2017, pp. 492 – 512.

[42] 王淑英、屈莹莹:"国家中心城市的金融集聚对经济效率的影响研究",《工业技术经济》, 2017 年第 8 期。

[43] 李思霖:"金融集聚、政府干预与全要素生产率",《金融理论与实践》, 2015 年第 8 期。

[44] 李健旋、赵林度:"金融集聚、生产率增长与城乡收入差距的实证分析——基于动态空间面板模型",《中国管理科学》, 2018 年第 12 期。

[45] Bencivenga V R, Smith B D, *Financial intermediation and endogenous growth.* The Review of Economic Studies, 1991, pp. 195 – 209.

[46] Beck T, Levine R, Loayza N, *Finance and the Sources of Growth.* Journal of Financial Economics, 2000, pp. 261 – 300.

[47] 张秀艳、周毅、白雯:"金融集聚与工业生产率提升——基于

研发资本的中介传导有效性研究",《吉林大学社会科学学报》,2019 年第 2 期。

[48] 郭菊娥、邢公奇、李琦:"中国金融发展对经济增长影响效应的投入产出分析",《管理评论》,2004 年第 12 期。

[49] Ellison G, Glaeser E L, Kerr W R, *What causes industry agglomeration? Evidence from coagglomeration patterns.* American Economic Review, 2010, pp. 1195 – 1213.

[50] 贾俊生、伦晓波、林树:"金融发展、微观企业创新产出与经济增长——基于上市公司专利视角的实证分析",《金融研究》,2017 年第 1 期。

[51] 张玄、冉光和、陈科:"金融集聚对区域民营经济生产率的空间效应研究——基于空间面板杜宾模型的实证",《管理评论》,2019 年第 10 期。

[52] 李占风、郭小雪:"金融发展对城市全要素生产率的增长效应与机制——基于资源环境约束视角",《经济问题探索》,2019 年第 7 期。

[53] Tamazian A, Chousa J P, Vadlamannati K C, *Does higher economic and financial development lead to environmental degradation: evidence from BRIC countries.* Energy Policy, 2009, pp. 246 – 253.

[54] 郭福春、潘锡泉:"金融支持低碳经济发展的影响机制研究——基于浙江省数据的经验分析",《浙江社会科学》,2011 年第 10 期。

[55] Jalil A, Feridun M, *The impact of growth, energy and financial development on the environment in China: A cointegration analysis.* Energy Economics, 2011, pp. 284 – 291.

[56] Yuxiang K, Chen Z, *Financial development and environmental performance: Evidence from China.* Environment and Development Economics, 2011, pp. 93 – 111.

[57] 郭郡郡、刘成玉、刘玉萍:"金融发展对二氧化碳(CO_2)排放的影响——基于跨国数据的实证研究",《投资研究》,2012 年第 7 期。

[58] Gantman E R, Marcelo P. Dabós, *A Fragile Link? A New Empirical Analysis of the Relationship between Financial Development and Economic Growth*. Oxford Development Studies, 2012, pp. 517 – 532.

[59] Solarin S A, Shahbaz M, Mahmood H, et al., *Does financial development reduce CO_2 emissions in Malaysian economy? A time series analysis*. Economic Modelling, 2013, pp. 145 – 152.

[60] Omri A, Daly S, Rault C, et al., *Financial development, environmental quality, trade and economic growth: What causes what in MENA countries*. Energy Economics, 2015, pp. 242 – 252.

[61] Salahuddin M, Gow J, Ozturk I, *Is the long – run relationship between economic growth, electricity consumption, carbon dioxide emissions and financial development in Gulf Cooperation Council Countries robust?* Renewable and Sustainable Energy Reviews, 2015, pp. 317 – 326.

[62] 贺俊、程锐、刘庭:"金融发展、技术创新与环境污染",《东北大学学报(社会科学版)》,2019年第2期。

[63] 祝德生、景维民:"金融发展、空间溢出与雾霾污染——基于广义空间两阶段最小二乘法的实证研究",《经济问题探索》,2020年第8期。

[64] 刘国斌、方圆、杨思莹:"金融发展、金融分权与城市环境污染抑制",《济南大学学报(社会科学版)》,2021年第2期。

[65] Sadorsky P, *The impact of financial development on energy consumption in emerging economies*. Energy Policy, 2010, pp. 2528 – 2535.

[66] 徐盈之、管建伟:"金融发展影响我国环境质量的实证研究:对EKC曲线的补充",《软科学》,2010年第9期。

[67] Boutabba M A, *The impact of financial development, income, energy and trade on carbon emissions: Evidence from the Indian economy*. Economic Modelling, 2014, pp. 33 – 41.

[68] 谢罗奇、龚玲、赵纯凯:"官员晋升、金融发展与环境污染——来自市长变更的证据",《山西财经大学学报》,2018年第8期。

[69] Zhang Y J, *The impact of financial development on carbon emissions: An empirical analysis in China*. Energy Policy, 2011, pp. 2197 – 2203.

[70] Al‐Mulali U, Ozturk I, Lean H H, *The influence of economic growth, urbanization, trade openness, financial development, and renewable energy on pollution in Europe*. Natural Hazards, 2015, pp. 621 – 644.

[71] He Y, Sheng P, Vochozka M, *Pollution caused by finance and the relative policy analysis in China*. Energy & Environment, 2017, pp. 808 – 823.

[72] 王伟、杨敬峰、孙芳城："金融发展与城市环境污染：加剧还是缓解——基于268个城市数据",《西南民族大学学报（人文社科版）》，2019年第5期。

[73] 袁华锡、刘耀彬、封亦代："金融集聚如何影响绿色发展效率？——基于时空双固定的SPDM与PTR模型的实证分析",《中国管理科学》，2019年第11期。

[74] 李治国、车帅、王杰："'逐顶'还是'逐底'：金融集聚的'本地－邻地'减排效应",《华东经济管理》，2021年第9期。

[75] Gylfason T, *Natural resources, education, and economic development*. European Economic Review, 2001, pp. 847 – 859.

[76] Gylfason T, Zoega G, *Natural resources and economic growth: The role of investment*. World Economy, 2006, pp. 1091 – 1115.

[77] 徐康宁、王剑："自然资源丰裕程度与经济发展水平关系的研究",《经济研究》，2006年第1期。

[78] 协天紫光、李江龙："资源依赖、投资便利化与长期经济增长",《当代经济科学》，2019年第2期。

[79] 万建香、汪寿阳："社会资本与技术创新能否打破'资源诅咒'？——基于面板门槛效应的研究",《经济研究》，2016年第12期。

[80] 马宇、杜萌："对资源诅咒传导机制的实证研究——基于技术创新的视角",《经济学动态》，2013年第1期。

[81] 赵康杰、景普秋："资源依赖、资本形成不足与长期经济增长

停滞——'资源诅咒'命题再检验",《宏观经济研究》,2014 年第 3 期。

[82] 李楠:"资源依赖、技术创新和中国的产业发展",《经济社会体制比较》,2015 年第 4 期。

[83] 海琴、高启杰:"资源密集地区区域创新能力挤出效应研究",《科技进步与对策》,2020 年第 19 期。

[84] Robinson J A, Torvik R, Verdier T, *Political foundations of the resource curse.* Journal of Development Economics, 2006, pp. 447 – 468.

[85] 程志强:"煤炭资源繁荣与鄂尔多斯工业化之路:问题与对策",《管理世界》,2008 年第 1 期。

[86] 陈艳莹、王二龙、程乘:"寻租、企业家才能配置和资源诅咒——基于中国省份面板数据的实证研究",《财经研究》,2012 年第 6 期。

[87] 孙永平、叶初升:"自然资源丰裕与产业结构扭曲:影响机制与多维测度",《南京社会科学》,2012 年第 6 期。

[88] 刘海平、宋一弘、魏玮:"资源禀赋、制度质量与外商直接投资——基于投资引力模型的实证分析",《中南大学学报(社会科学版)》,2014 年第 5 期。

[89] 王嘉懿、崔娜娜:"'资源诅咒'效应及传导机制研究——以中国中部 36 个资源型城市为例",《北京大学学报(自然科学版)》,2018 年第 6 期。

[90] 黄建欢、杨晓光、成刚、汪寿阳:"生态效率视角下的资源诅咒:资源开发型和资源利用型区域的对比",《中国管理科学》,2015 年第 1 期。

[91] 钟成林、胡雪萍:"自然资源禀赋对区域生态效率的影响研究",《大连理工大学学报(社会科学版)》,2016 年第 3 期。

[92] 任海军、姚银环:"资源依赖视角下环境规制对生态效率的影响分析——基于 SBM 超效率模型",《软科学》,2016 年第 6 期。

[93] 杜克锐、张宁:"资源丰裕度与中国城市生态效率:基于条件 SBM 模型的实证分析",《西安交通大学学报(社会科学版)》,2019 年第

1 期。

[94] 郑婷婷、付伟、陈静:"信息化发展水平、资源依赖与绿色全要素生产率——来自地级市面板数据的分析",《科技进步与对策》,2019年第 23 期。

[95] Bradbury J H, *Towards an alternative theory of resource – based town development in Canada*. Economic Geography, 1979, pp. 147 – 166.

[96] 张秀生、陈先勇:"论中国资源型城市产业发展的现状、困境与对策",《经济评论》,2001 年第 6 期。

[97] 刘云刚:"中国资源型城市的发展机制及其调控对策研究",东北师范大学,2002 年。

[98] 樊杰:"我国煤矿城市产业结构转换问题研究",《地理学报》,1993 年第 3 期。

[99] 王元:"重视单一产业性城市的可持续发展",《人民日报》,2000 年 1 月 11 日。

[100] Sachs J D, Warner A, Aslund A, et al., *Economic reform and the process of global integration*. Brookings Papers on Economic Activity, 1995, pp. 1 – 118.

[101] Papyrakis E, Gerlagh R, *The resource curse hypothesis and its transmission channels*. Journal of Comparative Economics, 2004, pp. 181 – 193.

[102] Cerny A, Filer R K, *Natural resources: Are they really a curse?* CERGE – EI Working Paper, No. 321, 2007.

[103] Stijns J P C, *Natural resource abundance and economic growth revisited*. Resources Policy, 2005, pp. 107 – 130.

[104] 邵帅、杨莉莉:"自然资源丰裕、资源产业依赖与中国区域经济增长",《管理世界》,2010 年第 9 期。

[105] 解晋:"自然资源何以成为诅咒:市场扭曲下的'攫取之手'——以'中国式分权'引致的官员晋升激励为视角的实证检验",《商业研究》,2019 年第 11 期。

[106] Brunnschweiler C N, *Cursing the blessings? Natural resource abundance, institutions, and economic growth.* World Development, 2008, pp.399 – 419.

[107] Papyrakis E, Gerlagh R, *Resource abundance and economic growth in the United States.* European Economic Review, 2007, pp.1011 – 1039.

[108] 徐康宁、王剑:"自然资源丰裕程度与经济发展水平关系的研究",《经济研究》,2006 年第 1 期。

[109] 徐昊、马丽君:"数字经济、资源依赖与绿色经济发展",《金融与经济》,2022 年第 1 期。

[110] 李天籽:"自然资源丰裕度对中国地区经济增长的影响及其传导机制研究",《经济科学》,2007 年第 6 期。

[111] 韩军辉、柳典宏:"R&D 投入、资源依赖与区域经济增长——基于门槛模型的实证研究",《工业技术经济》,2017 年第 3 期。

[112] 孙永平、叶初升宏:"资源依赖、地理区位与城市经济增长",《当代经济科学》,2011 年第 1 期。

[113] 邵帅、范美婷、杨莉莉:"资源产业依赖如何影响经济发展效率?——有条件资源诅咒假说的检验及解释",《管理世界》,2013 年第 2 期。

[114] 高安刚、张林:"国家高新区降低了资源型城市的资源依赖吗?——基于双重差分法的实证检验",《经济问题探索》,2018 年第 5 期。

[115] 李江龙、徐斌:"'诅咒'还是'福音':资源丰裕程度如何影响中国绿色经济增长?",《经济研究》,2018 年第 9 期。

[116] 马若微、李菲菲:"自然资源依赖、金融发展与人力资本积累",《广东社会科学》,2021 年第 5 期。

[117] 裴耀琳、郭淑芬:"资源禀赋约束下生产性服务业集聚的产业结构调整效应研究——基于资源型城市与非资源型城市的对比分析",《软科学》,2021 年第 1 期。

[118] 张艳、张雨、孙哲远:"资源依赖、政府治理能力对资源型城市绿色经济转型的影响",《南京财经大学学报》,2022 年第 2 期。

[119] Davis E P, *International financial centres: An industrial analysis*. London: Bank of England, 1990.

[120] Gehrig T, *Cities and the geography of financial centers*. Economics of Cities: Theoretical Perspectives, 2000, pp. 415–446.

[121] 连建辉、孙焕民、钟惠波:"金融企业集群:经济性质、效率边界与竞争优势",《金融研究》,2005年第6期。

[122] 滕春强:"金融企业集群:一种新的集聚现象的兴起",《上海金融》,2006年第6期。

[123] 梁颖、罗霄:"金融产业集聚的形成模式研究:全球视角与中国的选择",《南京财经大学学报》,2006年第5期。

[124] Kindleberger C P, *The formation of financial centers: A study in comparative economic history*. Princeteon: Princeton University Press, 1974.

[125] Pandit N R, Cook G A S, Swann G M P, *A comparison of clustering dynamics in the British broadcasting and financial services industries*. International Journal of the Economics of Business, 2002, pp. 195–224.

[126] 张志元、季伟杰:"中国省域金融产业集聚影响因素的空间计量分析",《广东金融学院学报》,2009年第1期。

[127] 张秀艳:"金融集聚引导下的经济增长路径——基于门限效应和空间效应的解析",《财经问题研究》,2019年第11期。

[128] 徐欣、董洪超:"城市群金融集聚对科技创新的非对称溢出效应研究",《经济问题探索》,2021年第4期。

[129] 姜冉:"泛珠三角地区金融集聚与经济增长——基于1982—2007年的数据分析",《经济研究导刊》,2010年第20期。

[130] 徐沈:"中国金融集聚水平的现状与影响因素探析",《区域金融研究》,2011年第12期。

[131] 郑威、陆远权:"中国金融供给的空间结构与产业结构升级——基于地方金融发展与区域金融中心建设视角的研究",《国际金融研究》,2019年第2期。

[132] 王书华、姚璐:"金融供给对区域创新能力影响的空间效益分析——基于'中心-外围'式的研究视角",《经济问题探索》,2022年第4期。

[133] 茹乐峰、苗长虹、王海江:"我国中心城市金融集聚水平与空间格局研究",《经济地理》,2014年第2期。

[134] 何宜庆、廖文强、白彩全、周德才:"中部六省省会城市金融集聚与区域经济增长耦合发展研究",《华东经济管理》,2014年第7期。

[135] 谢婷婷、潘宇:"金融集聚、产业结构升级与中国经济增长",《经济经纬》,2018年第4期。

[136] 王如玉、王志高、梁琦、陈建隆:"金融集聚与城市层级",《经济研究》,2019年第11期。

[137] 龚勤林、宋明蔚:"金融集聚的区域经济增长效应研究——基于省域面板数据的实证分析",《云南财经大学学报》,2021年第4期。

[138] Solow R M, *Technical change and the aggregate production function*. The Review of Economics and Statistics, 1957, pp. 312 – 320.

[139] Jorgenson D W, *The embodiment hypothesis*. Journal of Political Economy, 1966, pp. 1 – 17.

[140] Aigner D, Lovell C A K, Schmidt P, *Formulation and estimation of stochastic frontier production function models*. Journal of Econometrics, 1977, pp. 21 – 37.

[141] Charnes A, Cooper W W, Rhodes E, *Measuring the efficiency of decision-making units*. European Journal of Operational Research, 1979, pp. 339 – 338.

[142] 王兵、刘光天:"节能减排与中国绿色经济增长——基于全要素生产率的视角",《中国工业经济》,2015年第5期。

[143] Nanere M, Fraser I, Quazi A, et al., *Environmentally adjusted productivity measurement: An Australian case study*. Journal of Environmental Management, 2007, pp. 350 – 362.

[144] Hailu A, Veeman T S, *Environmentally sensitive productivity analysis of the Canadian pulp and paper industry*, 1959 – 1994: *an input distance function approach*. Journal of Environmental Economics and Management, 2000, pp. 251 – 274.

[145] Chung Y H, Färe R, Grosskopf S, *Productivity and undesirable outputs: A directional distance function approach*. Journal of Environmental Management, 1997, pp. 229 – 240.

[146] Ramanathan R, *An analysis of energy consumption and carbon dioxide emissions in countries of the Middle East and North Africa*. Energy, 2005, pp. 2831 – 2842.

[147] 陈诗一："中国的绿色工业革命：基于环境全要素生产率视角的解释（1980—2008）",《经济研究》, 2010 年第 11 期。

[148] 李玲、陶锋："中国制造业最优环境规制强度的选择——基于绿色全要素生产率的视角",《中国工业经济》, 2012 年第 5 期。

[149] Mohtadi H, *Environment, growth, and optimal policy design*. Journal of Public Economics, 1996, pp. 119 – 140.

[150] 陈诗一："能源消耗、二氧化碳排放与中国工业的可持续发展",《经济研究》, 2009 年第 4 期。

[151] 李俊、徐晋涛："省际绿色全要素生产率增长趋势的分析——一种非参数方法的应用",《北京林业大学学报（社会科学版）》, 2009 年第 4 期。

[152] Elsadig M A, *Green TFP intensity impact on sustainable east Asian productivity growth*. Economic Analysis & Policy, 2012, pp. 67 – 78.

[153] 李兰冰、刘秉镰："中国区域经济增长绩效、源泉与演化：基于要素分解视角",《经济研究》, 2015 年第 8 期。

[154] 肖欢明："基于绿色 GDP 的我国经济增长质量测度",《统计与决策》, 2014 年第 9 期。

[155] 展进涛、徐钰娇、葛继红："考虑碳排放成本的中国农业绿色

生产率变化",《资源科学》,2019 年第 5 期。

[156] Färe R, Grosskopf S, *Directional distance functions and slacks - based measures of efficiency*. European Journal of Operational Research, 2010, pp. 320 – 322.

[157] Chung Y H, Färe R, Grosskopf S, *Productivity and undesirable outputs：A directional distance function approach*. Journal of Environmental Management, 1997, pp. 229 – 240.

[158] Arabi B, Munisamy S, Emrouznejad A, et al., *Power industry restructuring and eco - efficiency changes：A new slacks - based model in Malmquist - Luenberger Index measurement*. Energy Policy, 2014, pp. 132 – 145.

[159] Wang H, Zhou P, Zhou D Q, *Scenario - based energy efficiency and productivity in China：A non - radial directional distance function analysis*. Energy Economics, 2013, pp. 795 – 803.

[160] Chen S, Golley J, *"Green" productivity growth in China's industrial economy*. Energy Economics, 2014, pp. 89 – 98.

[161] Li K, Lin B, *Impact of energy conservation policies on the green productivity in China's manufacturing sector：Evidence from a three - stage DEA model*. Applied Energy, 2016, pp. 351 – 363.

[162] Pastor J T, Lovell C A K, *A global Malmquist productivity index*. Economics Letters, 2005, pp. 266 – 271.

[163] 蔡乌赶、周小亮:"中国环境规制对绿色全要素生产率的双重效应",《经济学家》,2017 年第 9 期。

[164] 协天紫光、樊秀峰、张营营:"城市化进程中政府公共支出决策与绿色全要素生产率:援助之手还是攫取之手",《经济问题探索》,2019 年第 11 期。

[165] 薛飞、周民良:"环境同治下京津冀地区绿色全要素生产率时空演化及影响因素分析",《北京工业大学学报(社会科学版)》,2021 年第 6 期。

[166] Tone K, *A slacks-based measure of efficiency in data envelopment analysis*. European Journal of Operational Research, 2001, pp. 498-509.

[167] 周五七、武戈:"低碳约束的工业绿色生产率增长及其影响因素实证分析",《中国科技论坛》,2014年第8期。

[168] 朱文涛、吕成锐、顾乃华:"OFDI、逆向技术溢出对绿色全要素生产率的影响研究",《中国人口·资源与环境》,2019年第9期。

[169] 陈黎明、王俊昊、赵婉茹、蔡乐颖:"中国区域绿色全要素生产率的影响因素及其空间特征",《财经理论与实践》,2020年第4期。

[170] 李卫兵、涂蕾:"中国城市绿色全要素生产率的空间差异与收敛性分析",《城市问题》,2017年第9期。

[171] 郑强:"城镇化对绿色全要素生产率的影响——基于公共支出门槛效应的分析",《城市问题》,2018年第3期。

[172] Papyrakis E, Gerlagh R, *Resource windfalls, investment, and long-term income*. Resources Policy, 2006, pp. 117-128.

[173] Shao S, Yang L., *Natural resource dependence, human capital accumulation, and economic growth: A combined explanation for the resource curse and the resource blessing*. Energy Policy, 2014, pp. 632-642.

[174] Sachs J D, Warner A M, *The curse of natural resources*. European Economic Review, 2001, pp. 827-838.

[175] 向仙虹、孙慧:"资源禀赋、产业分工与碳排放损益偏离",《管理评论》,2020年第12期。

[176] 张峰、薛惠锋、史志伟:"资源禀赋、环境规制会促进制造业绿色发展",《科学决策》,2018年第5期。

[177] Greenwood J, Smith B D, *Financial markets in development, and the development of financial markets*. Journal of Economic Dynamics and Control, 1997, pp. 145-181.

[178] Petersen M A, Rajan R G, *Does Distance Still Matter? The Information Revolution in Small Business Lending*. The Journal of Finance, 2002,

pp. 2533 – 2570.

[179] Park, Y. S., Musa, M. H. E, *International Banking and Financial Centers*. Boston: Kluwer Academic Pubisher, 1989.

[180] Färe R, Grosskopf S, Pasurka Jr C A, *Environmental production functions and environmental directional distance functions*. Energy, 2007, pp. 1055 – 1066.

[181] 尹传斌、蒋奇杰:"绿色全要素生产率分析框架下的西部地区绿色发展研究",《经济问题探索》,2017 年第 3 期。

[182] 何洁:"国际贸易对环境的影响:中国各省的二氧化硫(SO_2)工业排放",《经济学(季刊)》,2010 年第 2 期。

[183] 黄顺武、史言信:"贸易对环境污染的影响——基于 GMM 方法的实证研究",《当代财经》,2010 年第 4 期。

[184] 程中华:"集聚经济与绿色全要素生产率",《软科学》,2015 年第 5 期。

[185] 任阳军、汪传旭、李伯棠、张素庸:"产业集聚对中国绿色全要素生产率的影响",《系统工程》,2019 年第 5 期。

[186] 余泳泽、刘凤娟:"生产性服务业空间集聚对环境污染的影响",《财经问题研究》,2017 年第 8 期。

[187] 范秋芳、王劲草、王杰:"城市空间结构演化的减排效应:内在机制与中国经验",《城市问题》,2021 年第 12 期。

[188] 张文武、欧习:"集聚效应、拥挤成本与城市空间结构演化",《河北经贸大学学报》,2020 年第 1 期。

[189] 倪瑛、陈柏云、王忆雯:"金融发展、环境规制与绿色全要素生产率——基于空间杜宾模型的实证分析",《贵州财经大学学报》,2020 年第 3 期。

[190] 张莹莹、邢天才、陈冠伊:"金融发展影响绿色全要素生产率的路径——效率通道和技术通道",《金融论坛》,2022 年第 6 期。

[191] King R G, Levine R, *Finance and growth: Schumpeter might be*

right. The Quarterly Journal of Economics, 1993, pp. 717 – 737.

[192] 韩永楠、杨建飞、周启清:"中国金融地理供给如何影响地区经济增长质量?——基于地方金融和区域金融中心建设的视角",《经济问题探索》,2020 年第 6 期。

[193] 蔡庆丰、陈熠辉、林焜:"信贷资源可得性与企业创新:激励还是抑制?——基于银行网点数据和金融地理结构的微观证据",《经济研究》,2020 年第 10 期。

[194] 林伯强、谭睿鹏:"中国经济集聚与绿色经济效率",《经济研究》,2019 年第 2 期。

[195] Claessens S, Laeven L, *Financial development, property rights, and growth*. The Journal of Finance, 2003, pp. 2401 – 2436.

[196] Holmstrom B, *Agency costs and innovation*. Journal of Economic Behavior & Organization, 1989, pp. 305 – 327.

[197] 申广军、欧阳伊玲、李力行:"技能结构的地区差异:金融发展视角",《金融研究》,2017 年第 7 期。

[198] Acemoglu D, *Patterns of skill premia*. The Review of Economic Studies, 2003, pp. 199 – 230.

[199] 刘智勇、李海峥、胡永远、李陈华:"人力资本结构高级化与经济增长——兼论东中西部地区差距的形成和缩小",《经济研究》,2018 年第 3 期。

[200] 董晓林、张晔:"自然资源依赖、政府干预与数字普惠金融发展——基于中国 273 个地市级面板数据的实证分析",《农业技术经济》,2021 年第 1 期。

[201] 曲昳:"金融集聚、技术创新与高技术产业升级",《科技管理研究》,2022 年第 2 期。

[202] 毛其淋、陈乐远:"金融地理结构与企业进口:来自中国制造业的微观证据",《世界经济研究》,2022 年第 1 期。

[203] 赵明亮、刘芳毅、王欢、孙威:"FDI、环境规制与黄河流域

城市绿色全要素生产率"，《经济地理》，2020年第4期。

[204] 张军、吴桂英、张吉鹏："中国省际物质资本存量估算：1952—2000"，《经济研究》，2004年第10期。

[205] 李虹、李晨光、王帅、陈挺："电价水平与中国省际绿色全要素生产率关系实证研究"，《经济问题探索》，2022年第3期。

[206] 陈晓峰、周晶晶："生产性服务业集聚、空间溢出与城市绿色全要素生产率——来自长三角城市群的经验证据"，《经济经纬》，2020年第4期。

[207] 吕有金、高波、孔令池："国内市场整合与绿色全要素生产率——非线性关系及门槛效应检验"，《经济问题探索》，2021年第8期。

[208] 余奕杉、卫平、高兴民："生产性服务业集聚对城市绿色全要素生产率的影响——以中国283个城市为例"，《当代经济管理》，2021年第4期。

[209] 卞元超、吴利华、白俊红："高铁开通是否促进了区域创新？"，《金融研究》，2019年第6期。

[210] 李震、曾卫、马晨曦："复杂地形条件约束下的城市空间结构优化路径思考"，《城市发展研究》，2020年第8期。

[211] 李治国、王杰、王叶薇："经济集聚扩大绿色经济效率差距了吗？——来自黄河流域城市群的经验证据"，《产业经济研究》，2022年第1期。

[212] 王军、王杰、李治国："数字金融发展与家庭消费碳排放"，《财经科学》，2022年第4期。

[213] 陈诗一、陈登科："雾霾污染、政府治理与经济高质量发展"，《经济研究》，2018年第2期。

[214] 吴建新、郭智勇："基于连续性动态分布方法的中国碳排放收敛分析"，《统计研究》，2016年第1期。

[215] 张杰、高德步、夏胤磊："专利能否促进中国经济增长——基于中国专利资助政策视角的一个解释"，《中国工业经济》，2016年第1期。

［216］骆莙函："人力资本结构高级化对服务业结构升级的影响研究——基于中国城市面板数据",《广东财经大学学报》,2021年第2期。

［217］付凌晖："我国产业结构高级化与经济增长关系的实证研究",《统计研究》,2010年第8期。

［218］李晓静、陈哲、夏显力："参与电商对农户绿色生产意识的空间溢出效应——基于两区制空间杜宾模型分析",《农业技术经济》,2021年第7期。

［219］曹静韬、张思聪："数字经济对我国地区间税收收入分配影响的实证分析——基于空间杜宾模型",《税务研究》,2022年第6期。

［220］Elhorst J P, Fréret S, *Evidence of political yardstick competition in France using a two-regime spatial Durbin model with fixed effects.* Journal of Regional Science, 2009, pp. 931–951.